なぜ文化-歴史的理論なのか

中村和夫
Kazuo Nakamura

福村出版

JCOPY 〈(社)出版者著作権管理機構　委託出版物〉
本書の無断複写は著作権法上での例外を除き禁じられています。複写される場合は、そのつど事前に、(社)出版者著作権管理機構（電話 03-3513-6969、FAX 03-3513-6979、e-mail: info@jcopy.or.jp）の許諾を得てください。

まえがき

　本書はヴィゴーツキー理論に関する私の4冊目の著書である。4冊といっても、それぞれに重なる論述もあり、恥ずかしながら、その研究の歩みは遅々たるものにすぎない。しかし、遅々たるものではあるが、全部を通して読み返してみれば、そこには、ヴィゴーツキー理論の理解に進展と深化が見られることも確かである。とりわけ本書は、コンパクトなものではあるが、『ヴィゴーツキー理論の神髄』というタイトルを付したように、ヴィゴーツキー理論の最もヴィゴーツキー理論らしい本質部分を浮き彫りにできたのではないかと自負している。

　ヴィゴーツキー理論は豊かで多様な可能性を孕んでいるので、そのどこに注目し、何を問題とするか、どのようにアプローチするかによって、それこそ多様な説明や解釈が可能であるだろう。しかしながら、その場合にも、その理論の中心点から外れたり、本質部分との接点を見失ったりしてはならないだろう。なぜならば、もしそうなった場合には、ヴィゴーツキー理論について語っているつもりが、実は、それはヴィゴーツキー理論の枝葉にすぎず、肝心な根や幹からはかけ離れているといったことが起こりうるからである。場合によっては、その名の下で、ヴィゴーツキー理論とは無関係なことや正反対のことが語られたりもするからである。

　本書は、ヴィゴーツキー理論の最も本質的な原理である「人間の高次心理機能は言葉によって媒介されている」という命題について、その眼目——理論上の意味——を明らかにしようとしたものである。本書のタイトルと同じタイトルを付された第1章「ヴィゴーツキー理論の神髄」を道案内にして、引き続く第2章〜第5章を順次読んでいただければ、ヴィゴーツキーがなぜその発達理論の中心に「言葉による媒介」という原理を置いたのか、その理由がはっきりと見えてくるはずである。

もちろん、本書で展開されている議論は、どんなに力んでみても、ヴィゴーツキー理論についての私の読み方（＝一つの読み方）にすぎないことも事実である。それゆえに、これまでの拙著の「まえがき」にも書いてきたように、ここでの私の目論見が成功しているか否かの判断は、当然のことながら、読者の手に委ねられるものである。

目次

ヴィゴーツキー理論の神髄──なぜ文化‐歴史的理論なのか──

まえがき 3

第1章　ヴィゴーツキー理論の神髄 ──── 9

1. 意志の自由の問題 …………………………………… 11
　（1）意志の自由とは　11
　（2）ブリダンの驢馬の逸話から　12
　（3）デカルト的二元論を超えて　13
　（4）言葉の媒介による自己決定の例　14

2. 自覚的で随意的な心理過程（意識）の発達 ……………… 15
　（1）分析単位としての言葉の意味　15
　（2）概念的思考と意識の自覚性・随意性　16
　（3）思春期の自己意識の成立と深まり　18

3. 個人の具体的な意識の内容（思想）の発達 ……………… 20
　（1）知性と感情の統一体としての言葉の意味　21
　（2）意義と「意味」の関係　22
　（3）発達の社会的状況　24
　　引用文献　25

第2章　なぜ言葉なのか ——————— 27

1. **心理学的唯物論の構築へ** ………………………… 28
2. **活動と言葉の発達的関係** ………………………… 30
   - (1) はじめには活動ありき、しかし…　30
   - (2) 実験研究から　34
3. **言葉と心理学的唯物論** …………………………… 38
   - (1) 運動する空気層の呪い　40
   - (2) 対象化と習得の言語性　41

   引用文献　43

第3章　なぜ感情なのか ——————— 45

1. **知性と感情の統一としての高次心理機能の発達論へ**…… 46
   - (1) 主知主義的傾きへの自覚　46
   - (2) 単位の思想　47
   - (3) 感情研究の大幅な立ち遅れ　49
2. **『情動に関する学説』の概要** …………………… 51
   - (1) 中間的な結論　51
   - (2) 未完の結論　56
3. **スピノザについての断片的記述から何が読みとれるのか** 58
   - (1) デカルト学説との原理的な違い　59
   - (2) スピノザ独自の問題設定の意味　62

   引用文献　66

第4章　なぜ内言の意味なのか ────── 69

1. **言語的思考の分析単位としての言葉の意味** ……… 70
2. **言葉の外面的な様相的側面と内面的な意味的側面の区別** 73
   - (1) 文法的な主語・述語と心理的な主語・述語の不一致　74
   - (2) 表現された言葉と思想の不一致　75
   - (3) 話し言葉における述語主義　76
3. **内言の意味論** ……………………………………… 78
   - (1) 内言の述語主義　79
   - (2) 内言の意味論の特質　80
4. **知性と感情の統一の問題** ………………………… 84
   - (1) 思想の成分としての知性と感情の統一的システム　84
   - (2) 思想とその動機　86

   引用文献　88

第5章　なぜ文化-歴史的理論なのか ────── 89

1. **はじめに** ……………………………………………… 91
2. **論点の整理──神谷によるヴィゴーツキー理論の理解の新しいパラダイムの提起──** ……………… 93
   - (1) ヴィゴーツキー理論の全体像を捉える場合の3つの方向性　93
   - (2) 《身体─言語─心理》というパラダイムによるヴィゴーツキー理論の理解の提案　96
   - (3) 神谷によるヴィゴーツキー理論の発展の時期区分　98
   - (4) 中村によるヴィゴーツキー理論の形成と展開の時期区分　102

3. どう受けとめるべきか
     ──新しいパラダイムの提起に対する評価── ……………… 106
     （1）1930年より前の時期と1930年代との間に《断絶》はあるのか　106
     （2）『情動に関する学説』についての位置づけ　112
     （3）文化-歴史的理論における心身一元論　119
   4. おわりに ……………………………………………………… 121
     （1）ヴィゴーツキー理論の補完による「人間の心理学」の構想　121
     （2）文化-歴史的理論の身体運動意味論による拡張　122

   引用文献　125

   〈資料1〉中村和夫先生への書簡（神谷栄司）　127

   〈資料2〉神谷栄司先生の書簡への感謝と簡単なリプライ　140

第6章　ギータ・リヴォーヴナ・ヴィゴーツカヤへの
　　　　　インタビュー ─────────────── 143

インタビューの記録 ……………………………………… 145

あとがき　160

人名索引　162
事項索引　163

第1章

ヴィゴーツキー理論の神髄

ヴィゴーツキー理論の最も本質的な特徴は、人間にのみ固有な高次心理機能は記号——その最も重要なものは言葉——に媒介されることによって発達する、と考える点にある。言葉は人間が歴史的、社会的に創造してきた記号体系であり、人間の文化を最も典型的に体現するものである。この意味で、「人間の高次心理機能の言葉による被媒介性」という命題は、そのまま、「高次心理機能の社会的起源」というヴィゴーツキー理論のもう一つの命題の具体化なのである。

　では、ヴィゴーツキー理論の理解にあたって、「人間の高次心理機能は言葉によって媒介されている」というこの命題の眼目は、いったいどこにあるのだろうか。この命題はヴィゴーツキー理論の本質的特徴を物語っているわけだから、この問いに答えることは、ヴィゴーツキー理論の神髄に触れるものである。ここでその答えを提示するならば、この命題の眼目は互いに関連し合う次の3点に集約される。すなわち、

①それは、人間の「意志の自由」の問題を解明する原理である。
②それは、人間の自覚的で随意的な心理過程（意識）の発達を解明する原理である。
③それは、個人の具体的な意識の内容（思想）とその発達を解明する原理である。

　これら三つの眼目について、それぞれ節をあらためて簡潔に説明していこう。

1. 意志の自由の問題

(1) 意志の自由とは

　動物とは区別される人間の心理を問題にする場合、意志の自由という問題は最も本質的なものである。意志とは、意図に基づいた自己決定のメカニズムであり、それにより目的実現をめざす意識のあり様である。意志の自由とは、どのような意図をも形成できる可能性のことであり、それゆえに、逆説的な言い方をするならば、無意味なことやまったく不必要なことですらおこないうる特別の自由である。動物にはこのような自由はなく、動物はただ内的衝動かあるいは外的刺激によって促されたことだけをおこなうのである。ヴィゴーツキーの言葉を引用しておこう。

　「ちなみに、次のことを心にとめておこう。すなわち、意志の自由に関する哲学的論争においても日常的な考えの中でも、昔から、何か無意味なことや、まったく不必要なことや、外的状況からも内的状況からも誘発されないことをおこなう能力が、意図の随意性や、実行される行為の自由を最も鮮明に表していると考えられていることだ。それゆえ、失語症患者が無意味な行為をなしえないということは、それと同時に、彼が自由な行為をなしえないことをも示している」（Выготский, 1931, c.439、邦訳、p.263）。

　この引用文の少し前のパラグラフでは、失語症患者の特徴として、彼らは何をどこからでも自由に始めてよいと言われると困惑し、困難に陥るということが述べられている。無条件の自由は、失語症患者の意志の不自由を露呈させるのである。ここで失語症患者とは、言葉を媒介にした高次な

言語的思考である概念的思考に障害を負った人のことをさしている。それゆえ、概念的思考を失うことは自由を失うことを意味している。こうして、上記の引用文からわかることは、人間の意志の自由の問題は、言葉に媒介されて発達する高次心理機能——概念的思考はその最も中心に位置している——の発達と切り離しては考えられない、ということである。

(2) ブリダンの驢馬の逸話から

　ヴィゴーツキーは、その主著『高次心理機能の発達史』(Выготский、1983、書かれたのは 1930 〜 1931 年）の中で、意志の不自由さを物語る絶好の例示として「ブリダンの驢馬」の逸話を掲げている（同上、c.65-66、邦訳、pp.84-85）。ブリダン（ビュリダン：Buridan, J.）というのは 14 世紀前半のフランスの哲学者・スコラ学者であり、物理学者でもある。ブリダンの驢馬の逸話とは次のようなものであるが、この話は実際には彼の著作の中には見当たらないという。

　反対方向の等距離のところに置かれた、量も質も同じ 2 束の干し草がある場合、その中央にいる驢馬は、どちらの干し草も選ぶことができず（どちらにも行くことができず）に飢え死にしてしまう、というのである。なぜならば、二つの干し草の束——驢馬にとっての刺激——の誘引力がまったく同じであり、しかも反対方向に引き合っているからである。

　この逸話は、まずはその批判の矛先が、人間行動の決定のメカニズムを刺激-反応図式によって説明する「機械論的解釈」に向けられているのである。人間の行動が、動物の行動と同じように、反射学や行動主義心理学の刺激-反応図式によって説明されるとしたら、反対方向の等価な刺激に挟まれた私たちの行動は、驢馬と同様に完全に停止してしまうことになるというわけだ。このような人間行動の機械論的説明には、最初から、意志の自由の問題が関与する余地はまったくない。

次に、ヴィゴーツキーは、この逸話を、人間の意志の自由の問題を神の手に委ねる唯心論心理学の「精神論的解釈」にも向けている。上記のような機械論的解釈に反対する唯心論者たちは、ここでは、人間の意志の問題を神の手に委ねてしまうのである。驢馬の状況に置かれた人間は、状況とは無関係に、アプリオリに備わった魂や精神の力に導かれて、行きたいところへ行くというわけである。これにより、私たちは確かに刺激の呪縛からは自由になるが、代わりに、私たちの意志は神の手に絡め捕られ、その自由を失い、しかも、人間の行動を科学的に説明する道も閉ざされてしまうのである。

(3) デカルト的二元論を超えて

　人間の行動を、一方においては刺激-反応図式によって説明する機械論的な力学原理と、他方においては魂や精神によって解釈する唯心論的原理とは、実は、ヴィゴーツキーの時代の心理学において展開されていた――そして今日の心理学にも根深く存在している――心身二元論を反映したものであり、その哲学的基礎にはデカルト（Descartes, R.）の「物質か精神か」の二元論がある。ヴィゴーツキーは、この両者ともに人間の意志の自由を解明できるものではないと批判し、人間に独自のまったく異なる行動決定のメカニズムを明らかにするのである。
　ブリダンの驢馬のような状況に置かれたとしたら、人間はその状況の中に、状況とはまったく無関係な媒介手段として記号を持ち込み、そこに付与された意味を媒介にして行動の自己決定をおこなうのである。今、二つの干し草の束をそれぞれA、Bとしよう。AとBという等価なものの選択の状況に置かれたとき、人間は「くじ」を引く。たとえば、コインを持ち込み、そこに「表（a）が出たらAを、裏（b）が出たらBを選択する」という意味をあらかじめ付与しておき――つまり、コインは記号である――、

コインを投じた結果が指示するところに従って行動を決定するのである（a—A または b—B）。

この場合、状況の中に状況とは無関係な「くじ」を媒介手段として持ち込むのも、そこに意味を付与するのも、そうして状況そのものを人為的に作り変えるのも、すべて人間自身が自らおこなうのである。それゆえ、この場合、人間は自ら導入した「くじ」という記号の助けによって、自分自身の行動を自己決定したのである。このような記号の最も代表的なものが言葉であり、ヴィゴーツキーは、人間が言葉の媒介によって自らの心理過程を支配し、行動の自己決定をおこなうメカニズムを明らかにしたわけである。行動の自己決定のこのメカニズムこそは、人間の意志の発達を説明するものにほかならない。

こうして、言葉の発達と、言葉による心理過程の支配のメカニズを明らかにすることこそが、実は、人間の意志の発達、意志の自由の問題を解明してくれる鍵となっていることがわかる。意志の自由の問題は、機械論や精神論とは発想を異にして、「人間の高次心理機能は言葉によって媒介されている」という命題に依ってこそ、はじめて科学的に説明できるのである。

(4) 言葉の媒介による自己決定の例

何日か先の予定を手帳に書き込み、それらのメモに従って当日の自分の行動を調整するということは、きわめて日常的に見られることだ。メモは自分が書き込んだ、自分に対する指示である。自分が自分に指示したメモの内容に従って自分の行動を支配するというのは、とりもなおさず行動の自己決定にほかならない。実は、メモを書くことが内面化され、内的な言葉として人間の心理過程を支配するようになるところに、意志の自由の発達が展望されるのである。

次に、ブリダンの驢馬の状況に似た例を挙げてみよう（Выготский, 1983, c.279-280、邦訳、pp.328-329）。朝の起床時、暖かい布団の中で……。もう起きる時間だが、もう少し寝坊したい。起きねばならない、もう少し布団の中にとどまりたい——これは、対立する動機の葛藤に挟まれた選択行動だ。私は起きようと決意し、起き上がるが、その自己決定のメカニズムは次のような内的な補助的手段の媒介による。すなわち、私は、「1、2、3と数え終えたら起きよう。1、2、3、それ！」と心の中で自分に言い聞かせたのだ。動機の葛藤状況の中に、私は自分で内的な言葉を導入し、それによって自分に指示を出し、選択行動を支配したのである。

上の例に見られるような、心の中で語られる言葉を内言というが、人間が内言を媒介にして自分自身の心理過程を支配し、行動の自己決定をおこなう場合、その中心的な機能を果たしているのは言語的思考である。言語的思考とは内言に媒介された思考のことをいうが、実は、「生きるべきか死ぬべきか？……それが問題だ！」といった人生の葛藤場面において選択すべき道を決意させるのも、「ここに補助線を引いたら……こことここが同位角で同じで……あっ、わかった！」といった数学の解決において採るべき手順を決定させるのも、内言を媒介にした言語的思考なのである。

2. 自覚的で随意的な心理過程（意識）の発達

(1) 分析単位としての言葉の意味

内言に媒介された思考のことを言語的思考というが、それは思考と言葉の不可分の統一体を成している。このような言語的思考をその固有な特質のままに分析する場合、その分析単位となるのは、言葉の意味である。なぜ言葉の意味が言語的思考の分析単位となるのだろうか。ヴィゴーツキー

によれば、

① 意味のない言葉は言葉ではなく、空虚な音にすぎない。それゆえ、意味は言葉の不可欠な成分を成しており、言語現象そのものにほかならない。同時に、
② 言葉は意味の一般化であり、あらゆる一般化は思考の最も固有なはたらきであるから、言葉の意味は思考現象そのものにほかならない。

つまり、言葉の意味は思考でもあり言葉でもあるゆえに、言語的思考に固有な特質をそのままに保持しながら分析しうる単位となる、というわけである（Выготский, 1934, с.261-262、邦訳、下巻、pp.155-156）。

(2) 概念的思考と意識の自覚性・随意性

　言葉の意味を単位として言語的思考を分析する場合、ヴィゴーツキーが最初におこなったのは、言語的思考を媒介する言葉の意味の一般化・体系化の発達と意識の自覚性・随意性の発達との関係を明らかにすることであった。
　ヴィゴーツキーによれば、言語的思考は、自らを媒介している言葉の意味の一般化と体系化の水準に対応して、複合的思考から概念的思考へと発達していく。複合的思考とは、いわゆる生活的概念に媒介された言語的思考のことである。生活的概念とは、周知のように、人が日常生活の個人的経験の中で身につける言葉の意味のことである。日常生活での個人的経験という文脈に規定されているがゆえに、生活的概念は具体性には富むが、その一般化の水準は限定されており、そこには体系性が存在しない。体系性を欠くがゆえに、生活的概念に媒介された複合的思考は、思考過程それ自身の自覚性と随意性に乏しいことを特徴としている。つまり、自らの思

考過程そのものをモニターすることができないわけだ。

　これに対して、概念的思考とは、いわゆる科学的概念に媒介された高次な言語的思考のことである。科学的概念とは、人が学校で科学的知識の体系（教科）を習得することによって身につける言葉の意味のことである。それは抽象的だが、階層化された体系性を持っているので、科学的概念に媒介された概念的思考は、思考過程それ自身を自覚し、モニターし、随意的に制御（支配）できることを特徴としている。

　このような最初は科学的概念に起因する自覚性と随意性は、概念的思考においてひとたび発生するや、思考と概念のすべての領域――つまり、概念的思考とのシステムを構成するすべての高次な心理機能――へ転移していくのである。ヴィゴーツキーの言葉を引用しておこう。

　「対象とのまったく別の関係――他の概念によって媒介された関係――を持ち、内部に階層的な相互関係の体系を持った科学的概念は、概念の自覚、つまり、概念の一般化と概念の自由な支配が、おそらくは最初に発生する領域なのである。こうして思考のある領域でひとたび発生した一般化の新しい構造は、その後は、あらゆる構造と同様に、一定の活動原理と同様に、何の訓練もなしに、思考と概念の他のすべての領域にも転移していく。こうして、自覚は科学的概念の門を通ってやってくるのである」(Выготский, 1934, c.194、邦訳、下巻、p.52)。

　ヴィゴーツキー理論では、様々な高次心理機能の発達の中心に位置しているものは概念的思考である。言語的思考が複合的思考から概念的思考へと発達し、概念的思考に基づいて他のすべての心理機能が再編成され、高次な心理機能のシステムへと転換していくのである。それゆえ、概念的思考の発達とともに、概念的思考を中心に構造化された高次な心理機能のシステムそのものの自覚と自由な支配（随意性）の発達がもたらされるので

ある。これは、自覚的で随意的な心理過程（自覚的な内面＝意識）の発達そのものを意味している。

さらに付言しておくならば、概念的思考に基づく自覚的で随意的な心理過程の発達は、前節で述べた意志の自由の問題に重なっているのである。ヴィゴーツキーはヘーゲル（Hegel, G. W. F.）やエンゲルス（Engels, F.）に倣って、「自由とは必然性の洞察である」と考えている。外的自然も、また人間自身の身体および心理過程も、その必然性の理解——これらの法則性を認識すること——によってこそ、それらを一定の目的のために計画的・随意的に従わせることができるのである。ヴィゴーツキーの言葉によって、このことを確認しておこう。

「すでにこの定義の中に、意志の自由の発生がどれほどに概念的思考と結びついているかを見ることができる。なぜならば、概念だけが、現実の認識を経験の段階から法則性の理解の段階へと高めてくれるからだ。そして、このような必然性の理解、すなわち、法則性の理解だけが意志の自由の基礎となっているのである。必然性は概念を介して自由になるのである。……（中略）……概念形成の機能なしには必然性の認識はない。それゆえ、自由もないのである。概念の中でのみ、概念を介してのみ、人間は事物や自分自身に対して自由な関係を手に入れるのである」（Выготский, 1931, c.434、邦訳、p.257）。

(3) 思春期の自己意識の成立と深まり

では、概念的思考による自覚的で随意的な心理過程（意識）は、学校での科学的概念の習得の下で、学齢期のどのあたりに子どもに発生するのだろうか。それは、まさに思春期の少年少女に特徴的な発達課題なのである。このことを端的に教えてくれるのがヴィゴーツキーの次のような規定であ

る。すなわち、小学生の算数の概念はまだ前概念であり、真の概念ではなく、思春期の少年少女の代数の概念こそは真の概念の典型であるというものだ（Выготский, 1934, c.245、邦訳、下巻、p.130）。

ここで前概念とは複合の最も高次の形態であり、一見すると真の概念を思わせるが、その思考法則や思考原理は真の概念とまったく異なっている。他方、真の概念とは文字通りに科学的概念のことを意味している。上記の規定によれば、算数の概念はまだ真の概念ではなく、代数の概念が典型的な真の概念（科学的概念）だということになる。算数の概念と代数の概念とは何が違うのだろうか。ヴィゴーツキーの言葉に耳を傾けてみよう。

「算数の概念は私たちが代数を理解しているときにも保持されているので、当然に、代数を習得している少年少女の算数の概念は小学生の算数の概念とはどこが違うのか、という疑問が生ずるだろう。研究によれば、その違いは次の点にある。〔少年少女の場合には〕算数の概念の背後には代数の概念が存在していること、算数の概念はより一般的な概念の特殊例と見なされること、算数の操作は、定まった算数式からは独立した一般公式から進むのでより自由であること、である。

小学生においては、算数の概念が最終段階である。その背後には何もない。それゆえ、これらの概念の範囲内の運動は算数場面の条件に完全に縛られている。つまり、小学生は算数場面を超えることはできないが、一方、少年少女は超えることができるのである。上位に位置する代数の概念が、少年少女にこの可能性を保障しているのである」（Выготский, 1934, c.246、邦訳、下巻、p.131）。

この引用文からわかるように、真の概念である代数を習得することによって、思春期の少年少女は、算数場面の制約を超えて、その操作の過程を自覚し、自由に、随意的に支配することが可能になるのである。ヴィ

ゴーツキーによれば、話し言葉に対する書き言葉の関係も、ちょうど算数に対する代数の関係と同じであり、「書き言葉は言葉の代数なのである」（同上、c.209、邦訳、下巻、p.76）。なぜならば、書き言葉では、無自覚に用いられていた話し言葉から文法を抽象し、認識し、その随意的活用によって初めて論理的に構造化された文章が可能になるからである。このような代数の概念や文法に裏づけられた書き言葉――つまり、真の概念――の習得は、小学校高学年から中等教育にかけての学習課題であり、まさに、思春期の少年少女の発達課題なのである。

こうして、真の概念（科学的概念）に媒介された概念的思考は、その体系性ゆえに心理過程そのものの自覚性と随意性もたらすことから、まさに、思春期の少年少女は自分自身の内面過程を自覚し、内省が可能になり、それとともに、自己意識を分化させ、深めていくのである。このような自己意識の分化と深化は、同時に、はるかに深くて広い他者理解をもたらすことになり、この社会的発達がさらに自己の内面に自分とは何かを問い続けるもう一人の自分を成立させ、アイデンティティの問題が少年少女の意識の前面に立ち現れてくるのである。

3. 個人の具体的な意識の内容（思想）の発達

ここでは、個人の意識の内容のことを思想と呼んでいる。思想と呼ぶからといって、何か特別の哲学者の難しい思想体系をさしているわけではなく、広義に、個人が「考えていること、思っていること」といった意識の内容のことをさしている。このような個人の意識の内容にまで立ち入って、一人ひとりの具体的な意識のあり様を解明することが、「人間の高次心理機能は言葉によって媒介されている」という命題の三つ目の眼目である。

実は、この点については、ヴィゴーツキーは『高次心理機能の発達史』

（書かれたのは 1930 〜 1931 年）に先立つ 1929 年の草稿「人間の具体的心理学」（Выготский, 1986）の中で、すでに、人間一般ではなく、個人に独自な具体的心理学の探究を課題とすべきことに言及していたのである。しかし、この草稿の中では断片的なメモの形でのみ提示されていた個人に固有な意識内容の理解ということが、具体的に、晴れて一定の実現を見たのは 1934 年の『思考と言葉』の最終章（第 7 章）においてである。したがって、この三つ目の眼目に関わる内容は、ヴィゴーツキー理論の中で最晩年の仕事に属しており、ヴィゴーツキーの早逝ゆえに、十分に展開されないままに残されてしまっているのである。

（1）知性と感情の統一体としての言葉の意味

　前節では、言葉の意味の一般化と体系化に注目して、もっぱら、言語的思考の知的な操作的側面の発達について言及してきた。しかし、個人の具体的な意識の内容としての思想を問題にする場合、それだけでは不十分であり、言語的思考の分析単位である言葉の意味のいっそう複雑で繊細な分析が不可欠である。

　ヴィゴーツキーは、ポーラン（Paulhan, F.）の言葉を借りて、言葉の意味は「世界の理解と人格全体の内部構造に依存している」（Выготский, 1934, с.306、邦訳、下巻、p.223）と述べているが、これは、言葉の意味が知性と感情の統一体であることを明らかにするものである。

　まず、言葉の意味が世界の理解に依存しているとは、知覚や記憶や思考といった形式での世界に関する反映（認識、知的理解）が個人の中で独自の意味を構成するということである。つまり、意味と知性との結びつきを示している。他方、言葉の意味が人格全体の内部構造に依存しているとは、欲求や情動といった形式での世界に対する反映（感情、情動的態度）が、やはり個人の意識の中で独自の意味を構成するということである。つまり、

意味と感情との結びつきを示している。

　このように、言葉の意味は、知性の所産と感情の所産の両方を不可分の要素として構成されていることがわかる。再びポーランの言葉を借りるならば、言葉の意味は「その言葉によって表現されているものに関係するモメントが、意識の中でどれほど豊かに存在しているかによって決定される」（同上）というわけだから、言葉の意味は意識の実体であり、思想であり、それは知的なものと感情的なものの不可分な統一体であることがわかる。

　こうして、個人の意識の内容とその発達の様相を具体的に明らかにしようと思えば、ここであらためて言葉の意味と感情との関係が問われてくることになる。そのための文字通りの準備作業として、ヴィゴーツキーは1931～1933年にかけて感情理論についての研究を精力的におこなったのである（Выготский, 1984b）。しかし、この点についての詳細な議論は、まさに本書の第3章「なぜ感情なのか」のテーマとなっているので、そこに譲ることにしたい。

(2) 意義と「意味」の関係

　上記のことを踏まえた上で、個人の意識の内容の具体的なあり様を理解するためには、さらに、言葉の意味が意義と「意味」（一般的な言葉の意味と区別するために「意味」と記述しておく）によって成り立っていることを知らねばならない。

　意義とは状況や文脈によって変化しない、安定した意味の領域のことで、典型的には辞書に定義された語義や科学的な概念がそうである。他方、「意味」とは状況や文脈が異なれば容易に変化する意味の領域のことである。それゆえ、「意味」は人によっても、また同じ人の場合でも状況に応じて異なるのである。どうして、同じ言葉が人や状況によって様々な

「意味」を持ちうるのだろうか。それは、言葉が、それが編み込まれた文脈全体から知的内容と感情的内容を吸収して、言葉の意義に含まれる以上のことや以下のことを意味するようになるからである（Выготский, 1934, c.306、邦訳、下巻、p.223）。つまり、それは、言葉の意味が知的なものと感情的なものの統一体である、ということにこそ由来しているわけである。

　意義と「意味」をめぐる詳しい議論は、あとで本書の第4章「なぜ内言の意味なのか」において論じられることになるので、ここでは、意義と「意味」の観点から、なぜ言葉を媒介にして発達する個人の具体的な意識が、それぞれの個人によって異なる独自の思想を構成するのかという問題に、簡単に言及しておくことだけにしたい。

　言葉の意義の典型は辞書に定義された語義や科学的な概念なので、意義はその一般性や客観性という点では言葉の意味の最右翼に位置する。それに対して「意味」は人によってそれぞれに異なるわけだが、ある特定の個人にだけ通用する「意味」（たとえば、妄想や独善的な「意味」など）は、その特殊性や主観性という点では言葉の意味の最左翼に位置する。そして、現実には、これら最左翼の主観的な「意味」と最右翼の客観的な意義との間に、一定の範囲内の人々の間でのみ共有されている言葉の意味が、意義と「意味」のグラデーションをもって、多様に、膨大に存在しているのである。

　なぜならば、言葉の意味を共有している人々の範囲は、家族のような数人の小集団からある地域全体や、さらには、地球規模の集団に至るまで様々なものがありうるからだ。今、このような一定の範囲内の人々の間でのみ共有されている言葉の意味のことを「間主観的な意味」と呼ぶならば、間主観的な意味は、その意味を共有している集団内では一定の客観性を持つ安定した意義に相当するが、その集団とは無関係の人々から見れば、それは特定の集団の文脈に規定された——つまり、文脈が異なれば別の意味になりうる——「意味」にすぎない。つまり、間主観的な意味とは、相対

的な意味において、「意味」であると同時に意義でもあることになる。

このように、意義と「意味」の間の区別は、両極端を除くと、必ずしも絶対的なものとはかぎらず、相対的なものである。それゆえ、私たちが日常生活や学校教育システムや職業生活などでの経験を通して実際に身につける言葉の意味のシステムは、〈主観的な「意味」—間主観的な意味—客観的な意義〉の系列上のどこかに位置づくものの複雑な組み合わせであり、統一体なのである。これらの意味のシステムを内言の意味として内面化することによって、私たちの具体的な意識の内容（思想）が構成され、発達していくのである。

(3) 発達の社会的状況

ヴィゴーツキーは、子ども——発達の主体——と周囲の社会的現実との間に、その年齢段階に固有のまったく独自な、唯一無二の独特な関係が作り出されることを指摘している。そして、子どもと社会的現実とのこのような唯一無二の独特な関係のことを、「発達の社会的状況」と呼んでいる。この発達の社会的状況が、必ずやいつでも、子どものすべての生活様式や存在様式を決定しているのである。すなわち、

「発達の社会的状況は、その時期の発達に生ずるすべてのダイナミックな変化の原点である。それは、子どもが、人格の新しい特質を発達の基本的源泉としての社会的現実から汲み取り、獲得する形式や方法を、つまり、社会的なものが個人的なものになる道筋を、全面的に、完全に決定している」（Выготский, 1984a, c.258-259、邦訳、p.30）。

ヴィゴーツキーの提起する発達の社会的状況の概念は、各発達段階に主導的な子どもの社会的経験を中心に捉えて、その分析を試みるものだ

が、今、人間を取り巻く文化-歴史的環境を、ブロンフェンブレンナー（Bronfenbrenner, 1979）に倣って生態学的環境として、〈ミクロシステム—メゾシステム—エクソシステム—マクロシステム〉からなる重層的な構造（入れ子構造）を持つものとして理解するならば、発達の社会的状況の概念はいっそう豊かな内容を持つものとなるだろう。なぜならば、それによって、子どもと環境との相互作用の実際のあり様が、家庭や学校での身近な人々との具体的な対面的行動場面での直接的経験（ミクロシステム）から、これら複数の行動場面間の相互連携による多面的な経験（メゾシステム）や、さらには、前二者を包摂しつつこれらと相互影響を及ぼし合う行動場面での間接的な経験（エクソシステム）や、以上の下位システムすべてに一貫性を保障している科学や芸術、規範やイデオロギーといった文化全体の間接的経験（マクロシステム）までを統一的に、一貫して、重層的な構造の中で捉えることが見通せるからである。

　重層的な構造を持つこのような環境の中で、ミクロシステムからマクロシステムまで幾重にも重なり合った、しかも濃淡や凹凸のある、直接的経験や間接的経験——これらはいつでも主体と環境との相互作用として展開される——の複雑な組み合わせは、一定の共有部分を持ちつつも、どの個人にとっても無二であり、他人とは異なったものとなる。誰一人として完全に同一の経験を生きることはない。こうして、このような重層的な経験を通して紡ぎ出される言葉の〈主観的な「意味」—間主観的な意味—客観的な意義〉の系列の複雑なシステムこそは、それぞれの個人の意識の具体的内容（思想）を構成していく源泉なのである。

引用文献

Выготский Л. С. 1931 Педология подростка. Задания №. 9-16, М.; Л.（柴

田義松・森岡修一・中村和夫訳『思春期の心理学』新読書社、2004年。ただし1984年版に基づく邦訳で、全訳ではない。1931年に原著の第9章～第16章が出版された。第1章～第8章までは1929年に出版）

Выготский Л. С. 1934 Мышление и речь. Психологические исследования. М.; Л.（柴田義松訳『思考と言語』上・下巻、明治図書、1962年。この訳書は1956年版による）

Выготский Л. С. 1983 История развития высших психологических функций. Собр. соч. Т.3. М., С.5-328.（柴田義松監訳『文化的‐歴史的精神発達の理論』学文社、2005年。ただし全訳ではない）

Выготский Л. С. 1984a Вопросы детской（возрастной）психология. Собр. соч. Т.4. М., С.243-385.（柴田義松訳者代表『新児童心理学講義』新読書社、2002年、所収）

Выготский Л. С. 1984b Учение об эмоциях. Историко-психологическое исследование. Собр.соч. Т. 6. М., С.91-318.（神谷栄司ほか訳『情動の理論――心身をめぐるデカルト、スピノザとの対話――』三学出版、2006年）

Выготский Л. С. 1986 Конкретная психология человека. Вестник Московского университета. Сер.14. Психология, № 1. С.52-65.（柴田義松・宮原琇子訳『ヴィゴツキー心理学論集』学文社、2008年、所収）

Bronfenbrenner, U. 1979 The Ecology of Human Development: Experiments by Nature and Design. Harvard University Press.（磯貝芳郎・福富　護訳『人間発達の生態学――発達心理学への挑戦――』川島書店、1996年）

第 2 章

なぜ言葉なのか

1. 心理学的唯物論の構築へ

　なぜヴィゴーツキーは、動物とは区別される人間の高次な心理機能（意識）の発達の基本原因として、他の何かではなく、「言葉（記号）」を採用したのだろうか。このような問いかけはいかにも奇妙に響くかもしれない。心理学が科学である以上、実験や観察などから得られた事実や理論的検討によりそのような結論に至ったからだ、としか答えようがないと思われるからだ。それはその通りである。この章でも、高次心理機能の発達の基本原因としてヴィゴーツキーが言葉を取り出した具体的研究について、そのいくつかを例示するつもりである。

　しかし、「研究の事実的結果はすべて、心理学体系が正しいか間違っているかによって保持されたり、無意味になったりする」（Выготский, 1982, с.366、邦訳、p.189）のである。つまり、実験や観察で得られたどのような事実でも、それが組み込まれる心理学体系のあり様によっては誤ったものになったり、その意味が変わってしまったりするのである。ヴィゴーツキーの時代のソビエト連邦における心理学体系は、周知のように、何よりもまず弁証法的唯物論（マルクス主義哲学）に立脚することが求められていた。ヴィゴーツキー自身はこのような心理学体系を「心理学的唯物論」（同上、с.420、邦訳、p.260）と呼び、その構築を自らの課題としたのである。

　しかしながら、弁証法的唯物論に立脚した心理学体系として、その後のソビエト心理学での主流となった理論は、ヴィゴーツキーのような言語媒介理論ではなく、基本的に活動理論であった。よく知られているように、活動理論の根本には、マルクス（Marx, K. H.）の『資本論』第1巻第5章で述べられている次のような原理的な命題がある。

「人間は、自然素材にたいして彼自身一つの自然力として相対する。彼は、自然素材を、彼自身の生活のために使用されうる形態で獲得するために、彼の肉体にそなわる自然力、腕や脚、頭や手を動かす。人間は、この運動によって自分の外の自然に働きかけてそれを変化させ、そうすることによって同時に自分自身の自然を変化させる」（マルクス、1968、p.234）。

　いわゆる、労働による人間の潜勢力の発現ということの指摘である。人間は労働（対象的活動）によって外的現実を変革し、それによって同時に自分自身の本性——心理的なものを含めて——をも変革するのである。これを受けてルビンシュテイン（Рубинштейн С. Л.）は、活動こそは意識の外界への投影であると同時に、人間の意識を生み出す原動力であるとして、「個人の意識とあらゆる心理的な諸特質は彼の活動の中に**現れる**と同時に、活動の中で**形成される**」（Рубинштейн, 1989, Т.1, с.102、邦訳、第1巻、p.155、強調は原文）という「意識と活動の統一」の原理を提起したのである。さらに、レオーンチェフ（Леонтьев А. Н.）は、「活動の分析こそは心理的反映を、つまり意識を科学的に認識するための決定的なポイントであり、主要な方法なのである」（Леонтьев, 1983, с.106）と述べ、心理学における活動的アプローチの必然性を主張したのである。

　唯物論の立場からすれば、意識の発達を説明する基本原因として「活動」を採用することはきわめて自然であり、わかりやすいことでもある。労働を範とする活動は何よりも身体の運動であり、物質的なものである。その物質的な行為が現実の物質的対象を加工し、変形させるのだから、活動は徹頭徹尾物質的な過程として経過する。意識はこのような物質的な活動の中に映し出されると同時に、その活動の中で形成され、発達するというわけである。しかも、上で言及したマルクスの命題による確固たる裏づけがあるので、心理学的唯物論の体系として活動理論は盤石のように思われる。

しかし、それにもかかわらず、ヴィゴーツキーは意識の発達を説明する基本原因として活動ではなく、言葉を採用するのである。なぜヴィゴーツキーは、その後のソビエト心理学の主流となる活動理論とは異なる心理学体系を築こうとしたのであろうか。なぜヴィゴーツキーは活動ではなく、言葉が人間の高次な心理機能（意識）を発達させる最も本質的な原因だと考えたのであろうか。以下に、この問いへの答えを探っていこう。

2. 活動と言葉の発達的関係

（1）はじめには活動ありき、しかし…

　ソビエト心理学の歴史の中で、最初に体系化された形で活動理論の提出がなされたのは、1940年に出版されたルビンシュテーインの『一般心理学の基礎』（初版）によってである。この中で、上で言及した「意識と活動の統一」の原理が提起されていた。また、レオーンチェフは1948年出版の『心理発達概論』の中で、歴史的・社会的発展過程での労働と意識発生との関係を検討し、心理的活動は物質的活動から派生するという考えを提出した。ヴィゴーツキーが亡くなるのは1934年であるから、彼は一定程度まとまった活動理論に触れることはなかったわけだ。もしヴィゴーツキーが40年代まで存命だったとしたら、あるいはルビンシュテーインやレオーンチェフのこれら著作が30年代前半に出版されていたとしたら、ヴィゴーツキーは意識の発達の最も重要な原因を活動の中に見たのであろうか。しかし、その可能性はまったく考えられない。
　なぜならば、人間が労働によって外の自然を変化させ、同時に自分自身の自然（本性）をも変化させるというマルクスの命題について、ヴィゴーツキーは十二分に知っていたからである。そのことを熟知した上で、ヴィ

ゴーツキーは、エンゲルス（Engels, F.）の『猿が人間になるについての労働の役割』（1896年）に学びながら、生成過程にある人間が道具を媒介にした実践的活動を文字通りの人間の労働と呼べる質を持った活動——自然の法則の認識とそれに基づく計画的な行為遂行による自然の支配——へと展開させる原因を、言葉の発達とそれによる人間自身の行動の支配にこそ見出していたからである（Выготский и Лурия, 1930）。そして、ヴィゴーツキーは、いよいよマルクスやエンゲルスのこの洞察を子どもの発達の研究の中で実験や観察により自ら検証し、確認していくのである。

　子どもの発達における活動と言葉との発達的関係についてのヴィゴーツキーの議論を詳しく見る前に、ここで次のようなヴィゴーツキーの言葉を引用しておこう。大変に長くなるが、この節のあとの議論を導いてくれる大切な考えが表明されているものである。なお、子どもの発達の文脈では、活動は деятельность よりも дело、действие と表現されることが多い。したがって、この場合、活動を行為、行動、実践などと呼んでもよい。

　「しかし、言葉以前にすでに道具的思考がある。実践的知能は言語的知能よりも発生的に古い。つまり、活動は言葉よりも早いし、知的活動でさえ知的言語よりも早い。しかし、いまこの正しい思想を主張する場合には、ふつう、言葉を犠牲にして活動が過大評価されているのである。ふつう、最も早い年齢に特徴的な言葉と活動との関係（活動の言葉からの独立や活動の優位性）が、その後のすべての発達段階にも、一生の間にも保持されると考えられているのである。……（中略）……このような信念は、個々の機能間の最初の関係は発達の全期間を通して不変のままであるという誤った前提に基づいている。だが、研究は逆のことを教えている。研究によって常に確認できることは、高次心理機能の全発達史は最初の機能間の関係や結合の変化であり、新しい心理的な機能的システムの発生と発達にほかならないということである。とりわけこのことは、いま私たちの関心事

である言葉と活動との機能間の関係に全面的に、完全に当てはまる。グーツマンとともに次のように言おう。『たとえゲーテに倣って、音声言語としての言葉の高い評価を拒否して、彼と一緒に聖書の格言〔＝「はじめに言葉ありき」〕を「はじめに活動ありき」と言い換えるにしても、それでもなお、この一行を発達の見地から理解して、別のアクセントをつけて、「はじめには活動ありき」と読み取ることができるのである』と」（Выготский, 1984a, c.86-87、強調は原文、邦訳、p.241）。

　子どもが言葉を話しはじめ、言葉を使って周囲の人と基本的なコミュニケーションができるようになるのはおよそ2〜3歳の年齢である。それまでの間、言葉以前に、あるいは言葉がまだ未熟な時期に、原初的な形であれ、子どもは手や簡単な道具を使って対象を引き寄せたり、移動させたり、結合したり、組み合わせたり、重ねたり、分離したりなどと周りの対象にはたらきかけている。これらの実践的活動を支えている知能のことを実践的知能とか道具的思考と呼んでいる——これはピアジェ（Piaget, J.）のいう感覚運動的知能に対応している——。このように、誰が見ても、はじめに活動があり、実践的知能があるのは明白である。しかし、それにもかかわらず、ヴィゴーツキーはこの段階の子どもの実践的活動や実践的知能は、それがそのままの形で動物のそれと区別される人間的な——つまり、労働へとつながる質を持った——実践的活動や実践的知能になるものではないし、それゆえ、人間的な意識（高次心理機能）の起源や萌芽となるものではないと看破するのである。
　子どもの発達の初期のこの段階では、確かに言葉とは無関係に活動が先行し、活動が優位性を持っている——まさに、「はじめには活動ありき」——のだが、やがてこの活動は遅れてやってきた言葉と出合い、言葉とのシステムを構成しはじめる。そのシステムの発達——言葉と活動との関係や結合の変化——とともに、言葉のおかげで活動そのものの構造と質が改

造されていくのである。この段階では、活動はまず言語的平面で言葉によって計画され、遂行される。次に、言語的平面で準備されたプランと解決が実際の運動として実現されるのである。こうして、実践的活動は、言葉のおかげで初めて、文字通りの労働へとつながる質を持った活動へと発達するのである。

　重要なことは、このような言葉と活動とのシステム的発達の構図は、言葉と知覚、言葉と注意、言葉と記憶、言葉と思考といった他の心理機能との関係、さらには、これらを統合する心理システム全体にも当てはまるということだ。ヴィゴーツキーの言葉を引用しよう。

「こうして、伝統的学説の見地からはどんなに奇妙に思われても、知覚や記憶や注意や運動その他の高次な機能は、子どものシンボル活動〔＝言語活動〕の発達と内的に結合しているのである。それゆえ、これらの機能は、その発生的起源の分析と、それらが文化の歴史の過程で被った再編の分析に基づいてのみ理解できるのである。私たちは大きな理論的意義を持つ結論を前にしている。私たちの前には、本質的に同一の起源と発達のメカニズムに基づく高次心理機能の統一体が姿を現わしている。これまで個別的な心理学的事実としてばらばらに見なされてきた随意的注意、論理的記憶、知覚や運動の高次な形式といった機能は、私たちの実験に照らして見ると、ひとつの心理学的秩序の現象として、行動の歴史的発達の過程に基づく統一的な生成物として登場しているのである」（Выготский, 1984a, с.54、邦訳、p.207）。

　シンボル活動の発達、すなわち言葉の発達と結びつくことにより高次な機能として発達していく知覚や記憶や注意や思考や運動その他の統一体としての機能的システムこそは、高次心理機能と呼ばれる人間の意識の実体なのである。これらすべての機能が言葉と出合い、言葉とのシステムを

発達させていくことによってのみ、初めて、子どもには高次心理機能（意識）の発達が開かれていくのである。こうして、言葉こそは動物と区別される人間的意識の発達にとって、その出発点に位置する不可欠の原因なのである。この意味で、まさに、「はじめに言葉ありき」にほかならない。

では、次に、ヴィゴーツキーの実験に照らして、活動と言葉の関係の発達を中心に、上で述べたことについて少し詳しく見ていこう。

(2) 実験研究から

ヴィゴーツキーとその共同研究者たちがおこなった実験研究は、その出発点からして先行研究の前提とは異なっていた。子どもの道具的活動やその実践的活動の中に類人猿のそれと類似の何かを探るのではなく、反対に、人間の子どもの道具的な活動に固有なものの解明、その発達の基本路線の解明という課題が設定されたのである。それは、道具を利用した実践的活動と言葉との出合いからはじまり、活動の中で言葉がしだいに独立したコード体系として立ち上がっていき、活動をコントロールしていく過程の分析・解明であった。具体的には、文字通りの労働の発達へと導くであろう子どもの活動形式――道具の利用と言葉との結合――の発達の様相が分析されたのである。

生後2年目に、道具的な思考と言葉とが出合い、ここを出発点として人間だけに固有の新しい活動形式の発達がはじまる。それは、一方では、言葉が対象を指し示す記号の機能を持つようになり、子ども自身の活動の支配に向けられた心理的道具になりはじめることであり、他方では、道具的思考が目と手の助けによってだけでなく、言葉の助けによって実践的課題を解決するようになるというものである。ここに、ヴィゴーツキーのいう文化的発達の第一歩がはじまるわけである。

とはいえ、この時点でいきなり言葉は完全な記号としての機能――「あ

らゆるものが何にでもなれる」という記号の任意性や随意性──を獲得しているわけではなく、また、いきなり実践的活動をリードするわけでもない。まずは、言葉と対象との関係において、言葉とその対象とが完全には分離されていない混同心性的な段階が存在するのである。そして、この段階に特有な言葉と活動との相互作用が展開され（たとえば、遊びの中で）、その中から、しだいに言葉が独立したコード体系として分離していき、文字通りの記号として実践的活動を媒介し、リードするようになるのである（たとえば、自己中心的言語や内言）。この過程は、ルーリヤ（Лурия А. Р.）のいう「実践結合的な体系としての言葉」から「意味結合的な体系としての言葉」への発達に対応している（Лурия, 1998, с.34、邦訳、p.32）。まずは、混同心性的な段階における言葉と活動（対象遊び）との関係の様相を見ていこう。

1）対象遊びにおける物とその記号との関係の分析

この問題の解明に当てられたのは、次のような一連の研究であった（Выготский, 1984a, с.14、邦訳、p.178）。

① 実験的に組織された子どもの対象遊び〔＝物を扱う遊び、つまり、初歩的な道具的活動〕の中で、象徴的な意味がどのように発生するのかの研究
② 就学前の子どもにおける記号と意味との間の、つまり、言葉とそれによって表示される物との間の結合の分析
③ なぜその物がその言葉で呼ばれるのかの説明に際して、子どもが与える理由づけの研究（ピアジェの臨床法に倣ったものと選択式テストによるもの）

これら一連の研究によって得られた結論は、子どもの対象遊びの中では、言葉が物の記号であるためには、言葉は表示される物の性質に足場を持っていなければならないということである。つまり、実際の物の性質とその

物の象徴的意味とは、遊びの中で複雑な相互作用と構造を示すのである。子どもにとっては、言葉は物の性質を介して物と結びつき、物の性質の共通の構造に編み込まれるのである。それゆえに、この段階では、言葉はまさにルーリヤのいう実践結合的な体系として活動に参加しつつ、遊びの構造を規定したり、逆に、遊びの構造に規定されたりするのである。

たとえば、この時期の遊びの中では、子どもが椅子を汽車として取り扱うことはよく見られる——椅子には座って乗ることができるから——が、机をランプと呼んでランプのように取り扱うことや、床をコップと呼ぶことなどは拒否されるのである。なぜならば、ランプの上では字を書くことはできないし、コップの上を歩きまわることはできないという理由からである。

また、遊びの中で椅子が馬になり、その椅子を別の場所に移動する必要がある場合、馬は手で運べないにもかかわらず、椅子が馬であることは子どもにとって、手に持って椅子を移動する妨げにはならないのである（Выготский, 1984b, c.350、邦訳、p.117）。このように、遊びの中で物を取り扱う活動が、この段階に特有な言葉の記号的機能の水準——言葉とその対象とがまだ完全には分離されていない——に規定されて展開されていることがわかる。

2) 自己中心的言語の機能の分析から内言へ

実践的活動と言葉との出合いからはじまり、言葉がしだいに独立したコード体系として発達していくと、やがて言葉は活動を先取りし、活動をコントロールしていくようになる。この様子をヴィゴーツキーとその共同研究者たちは、自己中心的言語をめぐる実験を通して明らかにしている。

自己中心的言語とは、4〜7歳の子どもの言葉に見られる特徴としてピアジェが報告し、そのように名づけたものである。それは、集団でいても相手に話しかけるでもなく、相手の応答を期待するでもない、まるでドラ

マでのモノローグ（独白）を思わせるような子どもの発する独り言のことである。ピアジェは、対話者の観点に立とうとしないこのような幼児の言葉は、思考の自己中心性の現れだと考え、自己中心的言語と名づけたわけである。

　ヴィゴーツキーと共同研究者たちは、ピアジェの実験に倣って、子どもの活動する場面を用意してその行動と言葉を観察した。ただし、ピアジェの実験と異なる点は、そこに子どもの活動が困難になる要因を持ち込んだということである。たとえば、子どもが自由に絵を描いている場面で、色鉛筆、絵具、紙などが、子どもがそれを必要とするときに手元にないという事態を作り出した。つまり、子どもの活動の自由な流れの中に、その活動を妨害する困難を持ち込んだわけである。すると、このような場面では、子どもの自己中心的言語の出現頻度は、妨害のないときの2倍にまで増大したのである。

　困難な事態に直面した子どもは、その事態を理解したり、困難を打開したりしようとして、たとえば、次のように言葉を発するのである。「鉛筆はどこだ、こんどは青鉛筆がほしいんだけど。いいや、代わりに赤鉛筆で描いて、水でぬらしちゃおう。黒ずんで、青っぽくなるだろう」(Выготский, 1934, c.38, 邦訳, 上巻, p.65)。ここには、自己中心的言語のはたらきが明瞭に示されている。自己中心的言語は、子どもが事態を意味づけ、解決の方法を探り、次の行動を計画し、実行するのを助けながら、子どもの活動をコントロールしているのである。自己中心的言語は、声に出すという形をとってはいるが、活動の中で生じた問題の解決のプランニングをするという、文字通りの思考の機能をはたしているのである。

　やがて、子どもが学齢期に入る頃に、自己中心的言語は内面化されはじめ、内言へと転換していく。内言の発達は、さらに言葉と活動との新たな関係を切り開いていく。内言が発達した段階では、活動の実践に先だって、活動は常に、まず何よりも内面化された言語的平面で観念的に計画され、

遂行される。次に、この言語的平面で準備されたプランと解決が実際の活動として実行されるのである。このような「経験の二重性」こそは、人間にのみ固有な活動である労働の本質的特徴なのである。

　こうして、はじめには活動が優位な地平から出発した言葉と活動との関係は、子どもの発達過程を通して決して不変のままではなく、その構造を変え、その質を変えていくのである。独立したコード体系として発達していくにつれ、言葉はしだいに活動を追い越し、心の中で企てているがまだ実現されていない活動を明確にしながら、活動の過程の転換点に移動し、さらには出発点に移動していくのである。重要なことは、このような位置の変化は、活動に対する言葉の時間的移動を意味するだけでなく、システム全体の機能的中心が変化したことを意味するということだ。つまり、最初の段階では、言葉は活動の後に従い、活動を映し出し、活動の結果を強化するといった従属的な構造的関係にとどまっている。しかし、次の段階では、言葉は活動の出発点に移動することにより、活動を支配しはじめ、活動をリードし、活動の主題と流れを決定している。言葉はその計画化機能によって、活動の方向を決定するのである（Выготский, 1984a, c.34-35、邦訳, pp.202-203）。まさに、ヴィゴーツキーが、実践的活動を労働と呼べるべき質を持った活動へと展開させる原因を、言葉とその発達に見るゆえんである。

3. 言葉と心理学的唯物論

　これまでの議論で、なぜ、ヴィゴーツキーが意識の発達の基本原因として活動ではなく言葉を選んだのか、その理由について納得してもらえたことと思われる。言葉よりも発生的に古く、類人猿にも共通に見られる道具

的な実践的活動は、それだけではそのまま人間に独自の労働活動へとつながっていかないからである。活動は言葉とのシステムに統合されて初めて、労働への階段を登ることが可能になるわけだ。活動だけでなく、知覚や注意や記憶や思考といった機能についても、それらはすべて言葉と出合い、言葉とのシステムを構成することによってのみ、初めて、高次な機能へと発達していくのである。言葉こそは高次心理機能（意識）のシステム全体の発達の原因として、その中心に位置しているのである。

　それでは、ヴィゴーツキーが明らかにした意識の発達の言語的媒介のメカニズムは、活動理論のように誰が見ても唯物論に立脚している、と見なすことができるのだろうか。実際、ヴィゴーツキー理論は、それが活動ではなく言葉（記号）を意識の発達の創造主にしているということで、のちに――ヴィゴーツキーの存命中ではなく――ルビンシュテーインやレオーンチェフや彼らの後継者たちから批判を受けてきた（この点は中村、1998を参照のこと）。つまり、活動による媒介のメカニズムほどは、唯物論とは見なされていなかったわけである。しかしながら、ヴィゴーツキー自身は、もちろん自らの理論を唯物論に立脚した、しかも心理学的唯物論として構築しようとしていたのである。心理学的唯物論の構築という点で、ここで、ヴィゴーツキーの基本的立場がよく現れている言葉を紹介しておきたい。それは、生理学に立脚することにより心理学から心理を排除することで唯物論の立場を確保しようとした反射学に対する批判である。

「心理を放棄することは、もちろん正真正銘の唯物論である。しかし、それは反射学の領域での唯物論にすぎない。反射学の領域外に出れば、人間行動の一般的システムから心理とその研究を遊離させることは、正真正銘の観念論なのである」（Выготский, 1926, с.41、邦訳、p.39）。

　生理学や身体の運動（活動）に直結すれば、それは正真正銘の唯物論で

あるだろう。しかし、だからといって、それが必ずしも心理学的唯物論になるとは限らないのである。心理学の領域で心理の発達の独自のあり様と法則を説明できなければ、反射学のようにその資格はないのである。上で見てきたように、ヴィゴーツキーは言葉とその発達による心理的なものの媒介という点に、人間に固有な高次心理機能の発達のメカニズムを捉えたのである。言葉の媒介による心理発達のメカニズムがなぜ心理学の領域での唯物論といえるのであろうか。それには二つの側面から答えを見出すことができると思われる。

(1) 運動する空気層の呪い

『ドイツ・イデオロギー』(1926年)の中では、マルクスによって、「『精神』には本来、最初から物質に『取りつかれている』という呪いがかかっているが、この物質はここでは動く空気層、音、要するに言語という形で現れる。言語は意識と同じくらいに古い」(マルクス／エンゲルス、1996、p.38)と述べられている。このように、初期の論考とはいえ、マルクス主義哲学の中では、言葉は意識に最初から取りついている物質と見なされているのである。マルクスのこの見解を踏まえて、ヴィゴーツキーも次のように述べているのである。

「それゆえ、思考と言葉は人間の意識の本性を理解する鍵である。もし、『言語が意識と同じように古く』、もし『言語は実践的な意識、他の人間にとっても存在するし、したがって、私自身にとっても存在する意識である』としたら、もし、『物質の呪い、運動する空気層の呪いが最初から純粋な意識を支配している』としたら、思考だけでなく意識全体がその発達において、言葉の発達と結びついていることは明らかである。実際の研究はことごとく、言葉が意識全体の中で——個々の機能の中ではなく——中

心的な役割をはたしていることを示している」（Выготский, 1934, с.318、邦訳、下巻、p.243）。

　この引用からわかるように、ヴィゴーツキーの高次心理機能（意識）の発達の言語媒介理論は、その基本原理をマルクスのこの命題に置いていたのである。身体によって発せられる運動する空気層の呪い（物質＝言葉）と意識とがそもそもの最初から不可分であるならば、その媒介を意識の発達の本質的原因とするヴィゴーツキー理論は、まさに活動理論に劣らず唯物論哲学の基本原理に即した正真正銘の唯物論であり、しかも、間違いなく心理学の領域での唯物論にほかならない。ヴィゴーツキー自身がこのように考えていただろうことは、すぐ上に引用した文章が、ヴィゴーツキーの最晩年の集大成『思考と言葉』（1934）の中の新しく書き下ろされた最終章（第7章）の、しかも末尾の結語部分に書かれていることからも、十分に推し測ることができるだろう。

(2) 対象化と習得の言語性

　もう一つの側面は、ヴィゴーツキー理論が「発達の文化-歴史的理論」として性格づけられているということに関連している。心理間機能として子どもの外側に屹立している文化的なもののすべては、人間が類として歴史的、社会的に創造してきたものの総体である。その創造物には、その創造に関わった人間の類としての経験のすべてが対象化されている。経験の対象化のこの過程が労働である。労働の前面には、現実に物にはたらきかけ、物を加工して生産物に仕上げる一連の活動が立ち現れている。この一連の活動がなければ、生産はなされず、したがって経験の対象化もなく、文化も蓄積されないということになろう。その意味で、労働と対象化とは一つのことである。

ここで思い起こしてほしいことは、労働と呼ばれるべき活動は、すべて経験の二重性をその本質的特徴としていることである。そこでは、一連の活動はすべて、常に、まず何よりも内面化された言語的平面で観念的に計画され、遂行され、そのあとに、この言語的平面で準備されたプランと解決が実際の活動として実行されるのである。つまり、対象化の過程は、一連の活動の目的や設計図や段取りの言語的記述を前提としており、その言語的なプランの実現過程にほかならない。こうして、文化的なものの源泉である対象化の活動（労働）は、一見すると実践的活動が前面に登場してはいるが、実は、言語活動の現実化であり、生産物は実践的活動を媒介にした言語活動の結晶なのである。

　まったく同様なことが、今度は対象化とは逆の習得の過程にも当てはまる。心理間機能としての文化的なものを習得するとき、子どもは、言葉の発達が未熟な段階では、実践的活動を媒介にして、物に対象化されている文化的経験を感覚運動的に習得していく。言葉の記号的機能の発達とともに、子どもは、創造された生産物の中に対象化されている文化的経験を、その言語的記述——その洗練されたものが概念的、論理的な体系——の形で習得し、内面化していく。その場合に、習得が実践的活動を伴うこともあれば、言語的平面だけでおこなわれることもある。子どもが学校で、各教科の学習を通して科学的知識を習得し、科学的概念体系を発達させていくことを思い起こしてほしい。この習得過程は、ちょうど対象化とは反対に、今度は、生産物の中に対象化されている一連の活動の目的や設計図や段取りの言語的記述を、凝縮した言葉の形で——つまり、概念の形で——、心理内機能として子どもの内面に還元する過程なのである。ここでも言葉が必須の役割を演じているのである。

　こうして、人間の社会生活の諸条件を構成している文化的なものの対象化の過程にも、また習得の過程にも、言葉は不可分な実体として、客観的な存在として、入り込んでいるのである。だからこそ、人間は、その営み

に関わる事物や現象を概念として捉え、概念を媒介にして、これら事物や現象の本質的な特徴を捉えることができるのである。このような実体的な客観的存在であるという意味でも、言葉は意識の発達の物質的な根拠と見なすことができるのである。

引用文献

エンゲルス　1965　（大月書店編集部訳）『猿が人間になるについての労働の役割』大月書店（原著の初版は 1896 年）

中村和夫　1998　『ヴィゴーツキーの発達論──文化-歴史的理論の形成と展開──』東京大学出版会

マルクス　1968　（マルクス＝エンゲルス全集刊行委員会訳）『資本論』、第 1 巻第 1 分冊、大月書店

マルクス／エンゲルス　1996　（服部文男監訳）『ドイツ・イデオロギー』新日本出版社（原著の初版は 1926 年）

Выготский Л. С. 1926 Методика рефлексологического и психологического исследования. –В кн.: Проблемы современной психологии. Под ред. К. Н. Корнилова. Л., С.26-46.（中村和夫訳「反射学的研究と心理学的研究の方法論」心理科学、第 8 巻第 2 号、1990、pp.24-33.）

Выготский Л. С., Лурия А. Р. 1930 Этюды по истории поведения. Обезьяна・Примитив・Ребёнок. М.; Л.（大井清吉・渡辺健治監訳『人間行動の発達過程──猿・原始人・子ども──』明治図書、1987 年）

Выготский Л. С. 1934 Мышление и речь. Психологические исследования. М.; Л.（柴田義松訳『思考と言語』上・下巻、明治図書、1962 年。この訳書は 1956 年版による）

Выготский Л. С. 1982 Исторический смысл психологического кризиса. –В кн.: Собр. соч. Т.1. М., С.291-436.（柴田義松ほか訳『心理学の危機──歴史的意味と方法論の研究──』明治図書、1987 年に所収）

Выготский Л. С. 1984a Орудие и знак в развитии ребёнка. – В кн.: Собр. соч. Т.6. М., С.5-90.（柴田義松訳者代表『新児童心理学講義』新読書社、2002年に所収。ただし全訳ではない）

Выготский Л. С. 1984b Вопросы детской (возрастной) психологии. – В кн.: Собр. соч. Т.4. М., С.243-385.（柴田義松訳者代表『新児童心理学講義』新読書社、2002年に所収。）

Леонтьев А. Н. 1983 Очерк развития психики. – В кн.: Избранные психологические произведения. Т.1. М. С.184-279.（原著の初版は1948年）

Леонтьев А. Н. 1983 Деятельность. Сознание. Личность. – В кн.: Избранные психологические произведения. Т.2. М. С.94-231.（原著の初版は1975年）

Лурия А. Р. 1998 Язык и сознание. М.（天野　清訳『言語と意識』金子書房、1982年。この訳書は1979年版による）

Рубинштейн С. Л. 1989 Основы общей психологии. Т.1-2. М.（吉田章宏ほか訳『一般心理学の基礎1〜4』明治図書、1981-1986年。この訳書は1946年版による。原著の初版は1940年）

第3章

なぜ感情なのか

1. 知性と感情の統一としての
   高次心理機能の発達論へ

　ヴィゴーツキーは、1931 〜 1933 年にかけて、デカルト（Descartes, R.）の学説やスピノザ（Spinoza, B. de）の学説にまでさかのぼった根源的な分析によって、その当時の心理学における感情の諸理論について検討をおこなっている。その成果は大部な未完の草稿として、ごく一部分を除いて約 50 年間もの長きにわたって公刊されずにいた。ようやく 1984 年になって、教育科学アカデミー版の著作集第 6 巻の中で、この草稿は『情動に関する学説――歴史–心理学的研究――』（Выготский, 1984）と題されたモノグラフとして日の目を見ることになったのである。ところで、心理学者であるヴィゴーツキーが感情についての研究を手がけたからといって、そこに何か特別の意味があるとは思われないかもしれない。しかし、実は、1931 〜 1933 年のこの時期にかけてその作業がおこなわれたということには、ヴィゴーツキー理論の発展過程からすると、特段の意味が見出されるのである。まずは、はじめに、この点について説明をしておこう。

（1）主知主義的傾きへの自覚

　1930 〜 1931 年にかけて執筆されたヴィゴーツキーの主著の一つ『高次心理機能の発達史』（Выготский, 1983）は、彼の提唱する高次心理機能の文化–歴史的理論の基本構造が、理論編と各論編にわたってしっかりと描き出された体系的で完成度の高い著作といえる。ところが、この本の最終章である第 15 章「結論。今後の研究方向。子どもの人格と世界観の発達」の中で、ヴィゴーツキーは次のように語っているのである。

「私たちの知識の現状では、立てられた問題の解決のためのきわめて重要な点が欠けている。たとえば、本能的な生活と人格としての生活を結合する最も重要な環、人間的な情動や愛着の文化的発達の中に存在している環については、何も語ることができなかった。社会的・文化的欲求の発生については、動機の発達に関する研究の中で、暫定的に、ざっと追究できただけである」（Выготский, 1983, c.317、邦訳、p.378）。

ここでは、この著作の段階までに体系化してきた自らの文化-歴史的理論では、立てられた問題の解決には至っていないということが語られている。立てられた問題とは、子どもの文化的発達全体——それは子どもの人格と世界観の発達として特徴づけられる——を総合的に把握するという問題（同上、c.315、邦訳、p.375）のことであるが、それにはいまだ不十分であり、欠けているのは、人間の情動や愛着といった感情の文化的発達、社会的・文化的欲求の発生といった心理過程の動機的、感情的側面の理解だと述べられているわけである。いわば、これまでの文化-歴史的理論では主知主義的傾きを免れていないことに、ヴィゴーツキー自身が気づいていたということである。

(2) 単位の思想

では、主知主義を克服して、感情過程をも含めて人間（子ども）の文化的発達全体——まさに、トータルな意識の発達——を理解するためにはどうしたらよいのだろうか。この点についてのヒントになるのが、いわゆる「単位の思想」と呼ばれる知性と感情のシステム論である。1934 年に公刊された『思考と言葉』（Выготский, 1934）の第 1 章「研究課題と研究方法」は、この本の公刊に合わせて、その導入部分として新たに執筆されたものと思われるが、この中でヴィゴーツキーは次のように述べている。長

くなるが大事なところなので引用したい。

「私たちが意識活動の他の側面と思考および言葉との関係について語るときに生ずる第一の問題は、知性と感情との結合という問題である。周知のように、私たちの意識の知的側面と感情的、意志的側面とを切り離すことが伝統的心理学全体の基本的で根本的な欠陥のひとつである。……（中略）……最初から思考を感情から切り離してしまった者は、思考そのものの原因を説明する道を永久に閉ざしてしまったのである。なぜならば、思考の決定論的分析は必然的に、思想を導く動機、あれこれの方向へと思想の運動を導く欲求や興味、意向や傾向の解明を前提としているからである。まったく同様に、思考を感情から切り離してしまった者は、心理活動の感情的、意志的側面に及ぼす思考の逆の影響の研究をあらかじめ不可能にしてしまったのである。なぜならば、心理活動の決定論的研究は、思考に対して人間の行動をひとり自分だけの体系によって決定するという魔力を与えることを認めないし、また思考を行動の不要な附属物、無力で役に立たない影にしてしまうことも認めないからである。

　複雑な全体を単位に分解する分析は、私たちが検討しているすべての学説にとって死活にかかわるほど重要な問題を解決するための道を、ここでもまた指し示しているのである。このような分析によって示されるのは、感情過程と知的過程の統一である力動的な意味のシステムが存在するということだ」（Выготский, 1934, c.14、邦訳、上巻、pp.28-29、強調は引用者）。

　ここでヴィゴーツキーが主張していることは、私たちの意識活動を把握し、理解するためには、その過程を知性という要素や感情という要素に分解するのではなく、「全体に固有な基本的特質のすべてを保持し、この統一体のそれ以上分解できない生きた部分である」（同上、c.9、邦訳、上巻、p.20）、知性と感情の統一たる「意味のシステム」を分析単位としな

ければならないということである。ほぼ同じ時期に書かれたと思われる論文「知恵遅れの問題——作業仮説構成の試み——」（Выготский, 1935）の中でも、同様に、「高次心理機能にあっては、力動的な意味のシステムの統一体がまるごと存在している。……（中略）……重要なことは、思考と感情は統一的全体——人間の意識——の部分であるということだ」（Выготский, 1935, c.29、邦訳、p.178）と述べられている。

　上記二つの論文は1934年よりも少し前に書かれたと推察されるが、ヴィゴーツキーは『高次心理機能の発達史』を書き終わる頃には、すでにシステム論の見地から、知性と感情の統一という単位の思想を展望していたと考えられる。だからこそ、この著作の最後の章で、子どもの文化的発達全体を総合的に把握するために、心理過程の動機的、感情的側面の理解を深め、人間の感情の文化的発達を解明する必要性に言及していたのである。

　こうして、1930年代前半のこの時期には、ヴィゴーツキーにとって、『高次心理機能の発達史』の段階での自らの文化-歴史的理論の問題点を克服していくためには、単位の思想に基づいて、人間の意識の発達を知的過程と感情過程の統一として再構築することが課題とされていたのである。上に引用された文章を読めば、ヴィゴーツキーはこのことを強く自覚していて、ただちにその作業に取り組むつもりでいたに違いない。しかし、この作業に取り組むには、きわめて困難な事情が控えていた。

(3) 感情研究の大幅な立ち遅れ

　それは何かというと、同時代の心理学において、とりわけ感情に関する研究が大きく立ち遅れているという事情である。知性と感情との結合や関係を捉えようとしたときに、心理学での両者の研究の発展水準に抜き差しならぬ違いがあったのである。この点について、ヴィゴーツキーは次のよ

うに述べている。

「この点で、感情に関する学説の今日の状況を現代心理学の他の基本領域と比較すると、それは、心理学の一連の他の章の中で独特の、みじめな例外となっていると言わざるをえない。……（中略）……知覚に関する現代の学説や、現代の記憶理論や、この十年間にとみに発展した思考に関する学説や、ごく最近になって特に強力に発展しつつある言葉の心理学を一瞥しさえすれば、今日の心理学のこれらの章と感情に関する学説との比較から明らかになる極端な相違に驚かざるをえない。……（中略）……ひとり情念に関する学説だけが見通しもなく、いたずらに袋小路に迷い込み、後方を、遠い過去の方を向いていることがわかるのである」（Выготский, 1984, c.136、邦訳、pp.75-76）。

こうして、この時代の心理学そのものが感情研究において特別に深い混迷の中にあり、したがって、ヴィゴーツキー自身が自らの課題として、「情念に関する学説を現代心理学の他の章に特徴的な水準にまで引き上げるという課題、……（中略）……たとえ原初的であれ、感情の心理学理論の基礎を創造するという課題」（同上、c.136、邦訳、p.78）を引き受けざるをえなかったのである。知覚や記憶や思考や言語に関する最新の成果を踏まえて、これまでにそれらの機能間の関係や結合について解明してきたヴィゴーツキーは、ここにきて、人間の文化的発達全体――トータルな意識の発達――を知性と感情のシステムとして真に理解するために、大幅な遅れと行き詰まり状態にあった感情の心理学について、自らの手でその研究に取り組むことを決意したのである。このことは、ヴィゴーツキーにとって、知性と感情の統一としてのより包括的なシステム論に立脚して、自らの文化-歴史的理論を再構築するための前提となる必須の作業だったのである。この研究作業の途上で生み出された草稿が、上述の『情動に関

する学説——歴史-心理学的研究——』であったわけだ。

2. 『情動に関する学説』の概要

　この著作は草稿とはいえ、かなり長大なモノグラフである。しかし、残念なことには、ヴィゴーツキーの早逝ゆえに、未完のままに残された。しかも、中間的な結論に続くはずであったと思われる、私たちが最も知りたい肝心の最終的な結論部分——なぜスピノザの学説が今日の感情心理学の混迷を打開する理論となりえるのか、についての説得的で具体的で詳細な説明がなされるべき部分——が未完なのである。一方では、デカルトの学説とその学説に由来する現代の（この当時の）後継者たちの感情理論については、その批判的分析が詳細にわたり分厚く記述されているのに比して、他方では、スピノザの学説については、きわめて部分的で断片的にしか語られていないのである。

　したがって、私たちは、現代の感情理論の行き詰まりや問題点については容易に理解できるのだが、それを克服すべき新しい感情の研究や理論については、宣言やテーゼとしてはともかく、具体的内容までは簡単には把握できないのである。私たちは、モノグラフの中のスピノザの学説に関する断片的な記述から、ヴィゴーツキーがどのような感情心理学のあり様や、その具体的な研究方法を展望していたのかを推測しなければならないのである。

(1) 中間的な結論

　このモノグラフの中間的な結論の一つは、キャノン（Cannon, W. B.）やシェリントン（Sherrington, Ch. S.）やマラノン（Maranon, G）らによる動物

実験での研究と、さらにはウィルソン（Wilson, S. A.）やダナ（Dana, Ch.）やヘッド（Head, H.）らによる病理学的な臨床研究から、いわゆるジェームズ＝ランゲ理論——身体情動理論とか情動の末梢起源説と呼ばれている——について、それが事実的データに照らして検証されないということを明らかにしていることである。一例だけをあげれば、キャノンと共同研究者たちは、自律神経系の交感神経全体を外科的に切除して、内臓の反応や血管運動神経反応などが完全に脳に伝わらないようにした動物にも、まったく通常の情動反応が生起することを証明したのである。

　しかし、同時に、より重要なことは、ジェームズ＝ランゲ理論についての上述の批判やそれに対置されるキャノンらの新しい理論——情動の中枢を視床に認めるので、視床理論と呼ばれる——は、大脳皮質と視床との相互作用の見地から情動の生理学的なメカニズムを説明するという点で、情動の多様性の科学的説明としては多くの優位な面を持つが、人間の感情の心理学の構築という課題に対しては、ジェームズ＝ランゲ理論の立っている哲学・方法論——自然主義的、没意味的、機械論的な因果的説明原理——とその基盤を同じにしていて、人間に固有の有意味な高次感情とその発達の問題については何も解決できないということである。ヴィゴーツキーの言葉を引用しておこう。

「しかし、それと同時に、批判も新しい理論も結局はほとんど何ももたらさなかった。ほとんど何もというのは、次のようなことである。すなわち、批判は古い理論（ジェームズ＝ランゲ理論のこと——引用者）の哲学的な刃を抜き取りもせず、古い理論がその上に建てられていた歪んだ土台を暴露もせず、破壊もせず、問題設定それ自体の心理学的誤謬を明らかにもせず、それどころか、問題設定をまるごと受け入れることによって、これらの誤謬を新しい構想の中に組み入れたのである。ほとんど何もというのは、また、次のような意味である。すなわち、新しい理論は古い理論と同様に、重要

で基本的な課題の解決——人間の感情の心理学の構築——にまったく近づきえなかったのである。それは、私たちの科学のこの章（感情心理学の領域のこと——引用者）の持つ高度の理論的意義についても、情念の心理学的研究や心理学的理論の本質的に哲学的な課題——これが欠けては、おそらく感情の問題それ自体が人間の心理学の中で正しく設定されえないだろう——の解決についても、まったく何も語っていないのである」（Выготский, 1984, c.134、邦訳、p.72、強調は引用者）。

　そして、このモノグラフのいま一つの中間的な結論は、現代の（この当時の）感情心理学が説明心理学と記述心理学とに鋭く分立しつつ、しかもお互いに補完しあっている状況は、デカルトの『情念論』に見られる心身二元論——機械論的身体論と自由意志を持つ精神論——とその矛盾に起因しているということである。
　デカルト自身は、心身に占める情念の位置と扱いに苦労して、松果腺を情念の座と想定し、そこにおいて、動物精気による身体運動と意志による精神の運動が結合し、相互作用していると考えていた。すなわち、「人間の情念は、デカルトにとって、……（中略）……そこ以外では決して結びつくことのない二つの実体（身体と精神のこと——引用者）が結合している唯一の現象なのである」（同上、c.184、邦訳、p.154）。それゆえに、情念に関するデカルトの学説では、情念は自分自身を説明するために、機械論的原理と唯心論的原理、自然主義的原理と神学的原理という矛盾する原理の結合を必要としていたのである。そのために、デカルトの情念論では、求心性の情念と遠心性の情念、身体的情念と精神的情念などの関係づけをめぐって、複雑で錯綜した議論が展開されているのである。
　しかしながら、ここでいっそう重要なことは、情念における身体と精神の結合や相互作用というデカルトの考えは、あくまでも、デカルト哲学全体を特徴づける根本原理——互いに共通性を持たない独立した実体として

第3章　なぜ感情なのか　53

の物質（身体）と精神という二元論——の内にあり、この根本原理に従うならば、身体と精神の結合はもはや考えられず、不可能なものでなければならないということだ。そこで、上述のデカルトの相互作用の特質について、ヴィゴーツキーは次のように規定するのである。すなわち、

「この学説によって許容される精神と身体の間の相互作用とは、動物精気が精神に情念を体験させるそのときに平行性の法則が瞬間的に破られ、身体との関係で現れる精神が瞬間的に誤りをおかすというものである。この一瞬の前と後では、身体と情念を体験する精神とは、正反対の法則に従う完全に独立した、互いに無関係の生活を営んでいるのである」（同上、c.257、邦訳、p.272）。

こうして、デカルトの情念論においては、上述の矛盾する二つの原理はあくまでも平行的に、二元論的に保存されていることがわかる。つまり、そこには、そもそもの始めから、説明心理学（＝機械論的原理）と記述心理学（＝唯心論的原理）の二元論が完全に内包されていたのである。この点について、ヴィゴーツキーは次のように述べている。

「デカルトの哲学は機械論的原理と唯心論的原理の完全な対称性の上に、それらの完全な理念的均衡の上に構築されている。このような二元性がかくも明瞭に現れているのは、情念に関する学説のほかにはない。情念は精神と身体の共同生活の唯一の現れとして、それゆえ、力学法則と目的論の原理の観点から説明されるべき現象として見なされている。身体は複雑な機械にほかならず、情念が人間の身体的本性を反映している以上は、情念は力学法則によって説明されねばならない。これに対し、精神は神的な事象であるから、精神の活動は目的論的に解釈されねばならない。つまり、カエサルのものはカエサルに、神のものは神にである。こうして、説明心

理学と記述心理学の理念は、情念に関するデカルト学説の中にアプリオリに含まれているのである」（Выготский, 1984, c.199、邦訳、p.178）。

こうして、ヴィゴーツキーの分析によれば、デカルトの情念論の中にアプリオリに含まれている矛盾した原理が、その後の心理学の発展の過程で分極化され、現代の感情心理学の極端な機械論的構想（生理学的、自然主義的、機械論的な因果的説明心理学）と唯心論的構想（目的論的、了解的、記述的心理学）に具現化されているのである。

ところで、「真の認識は因果的認識としてのみ可能である」（同上、c.199、邦訳、p.254）と考えるヴィゴーツキーにとって、人間の感情の心理学に関する問題設定は、人間の高次な心理活動についての因果的説明——つまり科学的認識——は可能かどうかというものである。科学としての高次な感情の心理学は可能なのだろうか、それともそれは不可能であり、高次感情の心理学は形而上学としてのみ可能なのだろうか。この問いをめぐって、説明心理学と記述心理学との間で論争がおこなわれているわけである。

説明心理学というのは、感情の諸現象を因果的に説明することを意図している。その意味では科学的路線を選択するのだが、自然主義的な機械論を超えることができず、その説明は低次な感情の生理学的説明にとどまっていて、人間に固有な高次感情の問題は扱いえず、回避されている。先に言及したジェームズ＝ランゲ理論を典型として、キャノンらの視床理論などもその代表である。

これに対して、記述心理学は、前者の行き詰まりを克服すべく、人間の高次な感情、人格としての感情をこそ取り扱うことを課題とする。しかし、その場合に、高次な感情の志向性、目的性、生活的意味などを捉えることができるのは目的論的な連関の了解のみであるとされ、因果的説明は放棄される。それゆえに、高次な感情の科学的認識からは遠ざかってい

る。ここには、ディルタイ（Dilthey, W.）の記述的・分析的心理学を代表として、ブレンターノ（Brentano, F.）、ミュンスターバーグ（Münsterberg, H.）、シェーラー（Scheler, M.）、フェンダー（Phender, A.）、ガイガー（Geiger, M.）、シュプランガー（Spranger, E.）らの名前があげられる。

　説明心理学と記述心理学は確かに対立しているのだが、他方では、実は、人間の高次な感情は因果的に説明できない——つまり、科学的に認識できない——と考える点で完全に共通しているのである。両方の心理学とも、因果的説明ということを、複雑な高次な心理過程を原子論的に分解された諸要素に機械的に還元することである、と見なしているからである。このような誤った因果的説明の概念に固執するかぎり、説明心理学は機械論的な分解になじまない高次な感情を放棄せざるをえないし、他方、記述心理学は高次な感情の問題にこだわるかぎり、因果的説明の方法を放棄して、それ以外の方法——了解——を採用せざるをえないのである。こうして、それぞれの心理学は、「カエサルのものはカエサルに、神のものは神に」と、お互いに所を得て共存し、補完し合っているのである。まさに、「デカルトの体系がそれにより維持されている均衡は、自然主義的原理と目的論的原理が互いに均合っている現代の情動心理学の中で、再び復活しているのである」（Выготский, 1984, c.283、邦訳、p.318）。

　これが、デカルトの情念論の二元論に起因し、現在まで続いている感情心理学の状況であり、ヴィゴーツキーは、ここに人間の感情の科学的認識の行き詰まりと混迷の本質を見るのである。

(2) 未完の結論

　さて、モノグラフの最終的な未完の結論は、スピノザこそは感情の説明心理学と記述心理学との、その決定論的構想と非決定論的構想との、唯物論と唯心論との闘争において、人間の高次な感情とその生活的意味の問題

を形而上学においてではなく、因果的、決定論的、唯物論的に説明しようとしたということである。ヴィゴーツキーによれば、スピノザの学説には、現代の感情心理学が分裂した二つの部分——デカルトの情念論における機械論と唯心論——のどちらにも存在しないものが含まれている。それは人間的な高次な感情の因果的説明と生活的意味の問題の統一ということ、つまり、感情の説明心理学と記述心理学の分裂と相互補完ではなく、それらの統一、止揚という観点である。この点をヴィゴーツキーの言葉で確認しておこう。

「情動の説明心理学と記述心理学に対するスピノザの情念に関する学説の真の関係については、次のように簡潔な言葉で規定できる。すなわち、本質的に、ただひとつの問題——人間の情念の活動における高次なものの決定論的、因果的説明の問題——の解決に捧げられたこの学説には、因果的説明の理念を保持しつつも人間の情念の中の高次なものの問題を放棄した説明心理学も、因果的説明の理念を放棄して人間の情念の活動の中の高次なものの問題を保持した記述心理学も、部分的には含まれているのである。こうして、スピノザの学説には、現代の情動心理学が分裂した二つの部分のどちらにも存在しないもの——**すなわち、因果的説明と人間の情念の生活的意味の問題の統一、感情の記述心理学と説明心理学の統一**——が含まれており、それが最も深い内的な核を形成しているのである」（Выготский, 1984, с.301、邦訳、p.345、強調は引用者）。

こうして、ヴィゴーツキーによれば、スピノザこそは科学としての人間の感情の心理学の可能性——これは同時に、科学としての人間の心理学の可能性でもある——を300年も前に提起していた先駆者なのである。すなわち、「スピノザこそは、言葉の真の意味での科学としての人間の説明心理学の可能性そのものを初めて哲学的に基礎づけ、この心理学のその

後の発展の道を描き出した思想家であった」(同上、c.297、邦訳、p.340)。しかし、モノグラフにはここから先が示されていない。スピノザの学説に立脚した、人間の高次な感情の発達とその生活的意味を捉えうる唯物論的、決定論的な説明心理学とは具体的にどのようなものなのか、肝心のこの点が論述されずに未完のまま終わっているのである。はたして、スピノザの学説の中に、ヴィゴーツキーはどのような感情心理学の具体像を見出していたのだろうか。

3. スピノザについての断片的記述から何が読みとれるのか

　ヴィゴーツキーは、感情の研究においてスピノザの学説を検討するにあたって、そこに出来上がった理論を発見できるとは考えていないこと、むしろ反対に、現代の科学的知識に照らして研究していく中で、スピノザの真理に依拠しつつ、スピノザの誤謬をも明るみに出すことを予期していると述べている。スピノザが指摘しているように、「真理は真理自身と虚偽との規範である」(スピノザ、1951、上、p.145) からだ。誤謬が掃き清められた真理こそは、感情の心理学的問題の今後の研究のための道を切り開くことができるのである (Выготский、1984、c.138-139、邦訳、pp.79-80)。しかし、残念ながら、モノグラフにおいてこの課題は達成されず、未完のままに残されてしまっている。私たちに残されているのは、スピノザの学説に関する断片的な記述だけである。これらの断片的な記述から、ヴィゴーツキーが人間の感情の心理学の今後のあり様について、具体的に注目しているものが何なのかについて推論をおこなうほかはないのである。

　実は、この作業は、すでに、『情動に関する学説』の邦訳者の一人である神谷栄司によって実に丹念におこなわれている。神谷はヴィゴーツキーのスピノザ理解の特質として、①スピノザの中に弁証法を見出したこと、

②デカルトのアンチテーゼとしてのスピノザという読み方、③スピノザの感情論の発達的理解、さらには、④神経生理学との関連でのスピノザの感情論の理解、という４点を取り出している。これら四つの特質は独立した別々の特質というものではなく、そこには「スピノザ的システム論」が貫かれていて、すべてがお互いに関連し、包摂し合い、響き合っているとされる（神谷、2010、pp.241-273）。

　神谷自身はこの作業を終えたあと、「そうしたヴィゴーツキーの未来の情動発達理論を想像し、再生するには、今のところ、あまりにも痕跡が少なすぎる」（同上、p.273）と謙遜しているが、その作業は、現有の資料の範囲内で最大限の分析と推論がおこなわれている、と優に評価できる。しかし、ここでは、その詳細は神谷の著書に譲ることにして、本章のまとめを兼ねて、本章の最初に立てられた中心的なテーマ――知性と感情のシステム論――との関係で特段に注目されるひとつの記述だけをとりあげたい。スピノザについてのこの断片的記述は、神谷においても分析の対象として取り上げられていて、その分析は説得的であるゆえにその理解においてここでの推論と多くの重なる部分があるが、感情の生理学に関する評価という点では異なる部分もある。この点の違いは、実は、第５章「なぜ文化-歴史的理論なのか」の中で論じられているヴィゴーツキー理論における心身一元論の理解とその位置づけ、という問題につながっているのである。

(1) デカルト学説との原理的な違い

　その断片的記述とは、スピノザの感情に関する学説がその原理的内容においてデカルトに従っているとするフィッシャー（Fisher, K.）の見解に対して、ヴィゴーツキーが反論している文脈の中で語られているものである。ヴィゴーツキーは、スピノザはすでにその著書『神・人間及び人間の幸福に関する短論文』（スピノザ、1955、以下、『短論文』と略称）において、デ

カルトとは原理的内容において対立しているとして、次のように述べている。

　「『短論文』の情念に関するスピノザ学説の初稿段階ですでに、その原理的内容においてデカルトの『情念論』に由来するものは何もなく、あるのはまったく新しいものである。スピノザの場合には、問題そのものがまったく別の方向を向いている。**デカルトの場合には情念の問題は、何よりも生理学的問題や精神と身体の相互作用の問題として登場しているが、スピノザの場合には情念の問題は、そもそもの始めから思考と感情の関係、概念と情念の関係の問題として登場しているのである**。これは、デカルト学説全体を見渡しても見ることのできない、言葉の真の意味で月の裏側である」（Выготский, 1984, c.166-167、邦訳、p.124、強調は引用者）。

　情念の問題は、スピノザにあっては、デカルトと違って、生理学や心身の相互作用の問題としてではなく、そもそもの最初から、思考と感情の関係、概念と情念の関係、つまりは、知性と感情の関係の問題として登場しているとヴィゴーツキーは指摘しているわけである。デカルトの場合には、動物の身体は単なる機械と考えられているので、その動物にすでに備わっている基本的情動やそれらと共通の人間の低次の身体的情動は、まさに力学法則に従う生理学の問題である。また、精神と身体の二元論ゆえに、人間の情念の問題において、あらためて両者の結合や相互作用を考えざるをえなかったという点は、先に2―(1)で述べられたとおりである。
　それに対して、スピノザの場合には問題はまったく別の方向を向いているとは、どういうことなのだろうか。まず、スピノザにとっては情念の問題は生理学的問題として登場してはいない、というのはどういうことなのだろうか。それは、そもそもスピノザが設定している「因果的説明と人間の情念の生活的意味の問題の統一」という問題、つまり人間の高次な感情

の因果的説明という問題は、生理学の問題としては解明できないということだと思われる。

　もちろん、スピノザは心身一元論に立脚しているので、人間の感情の問題が生理学的問題ではない、とは決して考えてはいない。神谷の議論でも、ヴィゴーツキーがスピノザ学説に読みとった特質として、「神経生理学との関連でのスピノザの感情論の理解」が取り出されている。しかし、人間の感情の問題、とりわけ高次な感情の問題——それは人間の高次な心理機能の問題でもある——は発達の問題であり、それゆえ、感情は生理学的過程に基盤を持ちつつも、発達とともに生理学的過程との結びつきや関係を変えていき、生理学の範囲を越えていくのである。ここで思い出されるのは、先に2—(1)で言及したように、ヴィゴーツキーがその時代の最新の情動の生理学的理論に対して、「新しい理論（キャノンらの視床理論のこと——引用者）は古い理論（ジェームズ＝ランゲ理論のこと——引用者）と同様に、重要で基本的な課題の解決——人間の感情の心理学の構築——にまったく近づきえなかったのである」（Выготский, 1984, с.134、邦訳、p.72）、と評価していたことである。

　では、次に、スピノザにおいては、情念の問題は精神と身体の相互作用の問題として登場してはいない、とはどういうことなのだろうか。周知のように、スピノザにとっては神（＝自然）が唯一の実体であり、神は無限に多くの属性を有している。属性とは神の本質を表現するものであり、物質も精神も神の属性であると考えられている。物質と精神は存在としては同一であり、同じ一つの存在の別の仕様での現れであるから、両者の間には「序列の同一性」「因果法則の同一性」「存在の同一性」といった同一性の原則が貫かれているのである（國分、2011、pp.260-261）。それゆえに、スピノザにとっては、同一の存在であるものの相互作用などといった問題は、最初から設定されようのない問題だったのであろう。

　ここで、スピノザの感情の定義を参照してみよう。この定義は『情動

に関する学説』の最初の部分でも引用されているものである。すなわち、「感情とは我々の身体の活動能力を増大しあるいは減少し、促進しあるいは阻害する身体の変状〔刺激状態〕、また同時にそうした変状の観念であると解する」(スピノザ、1951、上、p.167) というものである。ここから読みとれることは、感情という一つの存在は、物質(身体)の属性においては身体の変状として現れ、同時に、精神(思惟)の属性においてはその身体の変状の観念として現れる、ということである。それゆえに、同一性の原則の下では、身体の変状としての感情が私たちの身体の活動能力を増大しあるいは減少し、促進しあるいは阻害するならば、その身体の変状の観念である感情は私たちの精神の思惟能力を増大しあるいは減少し、促進しあるいは阻害する (スピノザ、1951、上、p.180)、というまさに同一の関係・法則が成り立っているのである。

このように、同一性の原則の下では、デカルトの二元論のような、別々の実体の存在を前提とした相互作用という問題は考えようがないのである。

(2) スピノザ独自の問題設定の意味

ここで、情念の問題はそもそもの最初から思考と感情の関係、概念と情念の関係の問題として登場している、というスピノザ独自の問題設定に戻ろう。スピノザの学説についてのこの断片的記述の意味を読みとるためには、いかにもこの記述だけでは不足しているので、ここではヴィゴーツキーの別の著作からの補足をおこなってみよう。

ヴィゴーツキーは著書『少年少女の児童学』(Выготский, 1931) の中で、「スピノザのような人にとっては、思考は情念の主人だが、別の人々(フロイトが記述した、自閉的な感情を持った自己閉鎖的な人々)にとっては、思考は情念の奴隷である」(同上、c.502、邦訳、p.313) と述べている。同じような記述は他の文献にも見られ、時期的に早いものでは、1929年に

書かれた「人間の具体的心理学」（Выготский, 1986）の中での記述、「たとえば、スピノザでは思考は情念の主人、フロイトや芸術家では思考は情念の奴隷」（同上、c.60、邦訳、p.253）がある。まさに思考と感情の関係について述べられているわけだが、これらの記述は、実は、社会生活の異なる領域においては、心理機能の役割や機能的システムの階層構造が変化し、それが人格の構造を特徴づけることを述べたものである。感情の問題はひとり感情だけの問題ではなく、他の心理機能（とりわけ思考）とのシステムの問題である、と語られているのである。本章の1—(2)「単位の思想」のところで引用した文章になぞらえるならば、最初から感情を思考から切り離してしまったならば、感情そのものの原因を説明する道を永久に閉ざしてしまうことになる、というわけである。

　こうして、人間の感情の問題については、社会生活という文脈の中で、思考と感情のシステムとその変化や発達を捉えることが重要だと読みとれるのである。この点のさらなる確認のために、やはり別の論文「心理システムについて」（Выготский, 1982、原著は1930）の中で、ヴィゴーツキーがスピノザについて述べているところを見てみよう。この文章も、すでに神谷によって注目され、分析されているものである。大変に長い引用になるが、ここでの理解を深めるためにはきわめて重要な論述なので、ご容赦を願いたい。

　「スピノザの理論の基本は次の通りである。彼は決定論者であり、ストア主義者とは違って、人間は感情を支配する力を持っていて、理性は情念の規則や結びつきを変え、それらを理性の中で与えられる規則や結びつきに一致させることができる、と主張した。**スピノザは正しい発生的関係を表現している**。個体発生においては、人間の情動は、個人の自己意識に対しても現実の意識に対しても共通の構えと結びついている。他人に対する私の軽蔑は、その人物の評価、その人物の理解と結びついている。まさに

第3章　なぜ感情なのか　63

このような複雑な総合の中で、私たちの生活はおこなわれているのである。**感情ないしは情動の歴史的発達とは、主として、それらがもたらされる最初の結びつきが変化して、新しい規則や結びつきが発生するということである。**

私たちは、スピノザが正しく語っているように、感情の認識がその感情を変化させ、受動的な状態から能動的な状態へと変えることを述べた。私の外側にある事物について考えることは、事物の中の何ものをも変えないが、感情について考えること、つまり、その感情を私の知性や他の機関〔心理機能——中村〕との別の関係の中に置くことは、**心理活動の多くを変化させる。簡単にいえば、感情は概念との複雑なシステムの中で作用しているのである。**だから、婦人の貞操に関するイスラム教の概念と結びついている人の嫉妬と、婦人の貞操に関して反対の観念体系と結びついている人の嫉妬とが異なっていることを知らない者は、この感情には疑いなくある種の生物学的根元があり、それに基づいてこの情動が生起しているにしても、この感情が歴史的なものであり、異なる思想的、心理的環境においては本質的に変化するということを理解していないのである。

それゆえ、**複雑な情動は歴史的にのみ出現し、歴史的生活状況から生ずる諸関係の組み合わせであり、情動の発達過程でこれら諸関係の統合が生ずるのである**」（Выготский, 1982, с.125-126、邦訳、pp.29-30、強調は引用者）。

この論述の中では、①感情は理性（思考）との結びつきや関係の変化の中で歴史的に発達するということ、②心理活動において感情は概念との複雑なシステムとして作用していること、③したがって、生物学的根元に基づいて生起するにしても、感情は文化や歴史的概念との関係で本質的に変化する歴史的なものであること、④それゆえ、複雑な（高次な）感情は歴史的生活における諸関係の組み合わせ・統合として発達していくこと、が

強調されていることがわかる。

　こうして、モノグラフのスピノザについての断片的記述とそれを補完する記述から読みとることができるのは、知性と感情とのシステム論の観点、そのシステムの社会的、歴史的発達論の観点であり、これらの観点から感情の発達を研究することが人間の感情の心理学の今後の方向である、と示唆されていることがわかる。

　ここで振り返ってみれば、モノグラフの中で、ヴィゴーツキーはデカルトの情念論について、その二元論的原理が歴史的、発達的説明を不可能にしていて、情念の生得説に陥っていることを明らかにしていた（Выготский, 1984, c.268-274、邦訳、pp.293-302）。ヴィゴーツキーは、歴史主義と発達的観点という点にも、デカルト学説に対立するスピノザ学説の積極面を見ていたわけである。

　以上が、ここで取り上げたスピノザについての断片的記述から読みとることのできたことがらである。ところで、機能間の結びつきや関係の変化といったシステム論の観点も、その社会的、歴史的発達という観点も、すでにヴィゴーツキーにとっては新しいものではなく、それは、これまでの文化-歴史的理論の構築の過程で練り上げてきた原理的方法論そのものであった。その意味では、このモノグラフは、ヴィゴーツキー自身の研究パラダイムの感情研究への継続的な応用であったといえる。このことはまた、スピノザ学説とヴィゴーツキーの研究パラダイムとの早い時期からの親近性を物語るものでもある。

　本章の冒頭で述べたように、『高次心理機能の発達史』の段階までは、意識の発達はもっぱら言語を中心に、知覚や記憶や思考といった知的機能間の結合や関係の発達として解明されてきたのであった。ここにきての感情理論の研究は、意識の発達のシステム論を感情との関係をも包含したものへと拡張することによって、ヴィゴーツキーの文化-歴史的理論を文字どおりの人格発達の理論へと展開させる重要な契機となったことは確かで

ある。『思考と言葉』(Выготский, 1934) の第 7 章でおこなわれている内言の意味論の分析こそは、その成果の一つの証拠と考えられよう。

引用文献

神谷栄司　2010　『未完のヴィゴツキー理論——甦る心理学のスピノザ——』三学出版

國分功一郎　2011　『スピノザの方法』みすず書房

スピノザ　1951　畠中尚志訳『エチカ——倫理学——』(上・下)、岩波書店

スピノザ　1955　畠中尚志訳『神・人間及び人間の幸福に関する短論文』岩波書店

Выготский Л. С. 1931 Педология подростка. Задания № 9-16, М; Л. (柴田義松・森岡修一・中村和夫訳『思春期の心理学』新読書社、2004 年。ただし 1984 年版に基づく邦訳で、全訳ではない。1931 年に原著の第 9 章〜第 16 章が出版された。第 1 章〜第 8 章までは 1929 年に出版)

Выготский Л. С. 1934 Мышление и речь. Психологические исследования. М.; Л. (柴田義松訳『思考と言語』上・下巻、明治図書、1962 年。この訳書は 1956 年版による)

Выготский Л. С. 1935 Проблема умственной отсталости. Опыт построения рабочей гипотезы. Умственно отсталый ребёнок. Под ред. Л. С. Выготского, И. И. Данюшевского. М., С.7-34. (柴田義松・森岡修一訳『子どもの知的発達と教授』明治図書、1975 年、所収)

Выготский Л. С. 1982 О психологических системах. Собр.соч. Т. 1. М., С.109-131. (柴田義松・宮坂琇子訳『ヴィゴツキー心理学論集』学文社、2008 年、所収)

Выготский Л. С. 1983 История развития высших психических функций. Собр. соч. Т. 3. М., С.5-328. (柴田義松監訳『文化的-歴史的精神発達の理論』学文社、2005 年。ただし、全訳ではない)

Выготский Л. С. 1984 Учение об эмоциях. Историко-психологическое исследование. Собр.соч. Т. 6. М., С.91-318.（神谷栄司ほか訳『情動の理論——心身をめぐるデカルト、スピノザとの対話——』三学出版、2006年）

Выготский Л. С. 1986 Конкретная психология человека. Вестник Московского университета. Сер.14. Психология, №. 1. С.52-65.（柴田義松・宮坂琇子訳『ヴィゴツキー心理学論集』学文社、2008年、所収）

第4章
なぜ内言の意味なのか

1. 言語的思考の分析単位としての言葉の意味

　ヴィゴーツキーが死の床に伏しながら執筆した『思考と言葉』（Выготский, 1934）の最終章（第7章）では、言語的思考が言語的思考ならではの固有な特質のままに分析されている。その際に、思考と言葉との不可分な統一体である言語的思考をその固有な特質のままに分析する単位として取り出されているのが、「言葉の意味（значение слова）」である。なぜ言葉の意味が分析単位として取り出されているのだろうか。まず、意味のない言葉は言葉ではなく空虚な音にすぎない。それゆえに、意味は言葉の不可欠な成分をなしており、言語現象そのものにほかならない。同時に、言葉の意味は一般化であり、あらゆる一般化は思考の最も固有なはたらきであるから、言葉の意味はまた思考現象そのものにほかならない。このように、言葉の意味は思考と言葉の統一体であり、言語的思考の固有な特質をそのままに保持しながら分析しうる単位なのである（Выготский, 1934, c.261-262、邦訳、下巻、pp.155-156）。ここで押さえておくべき重要なことは、言葉の意味は思考現象でもあり、また言語現象でもあるということだ。
　ところで、周知のように、ヴィゴーツキーの発達理論では、高次心理機能の発達のメカニズムの中核に位置しているものは言語的思考である。この言語的思考は、その統一的成分である言葉の意味の一般化と体系化の発達水準に対応して、複合的思考から概念的思考へという発達の道筋をたどる。前者における一般化の水準はそこに階層性や体系性がないことが特徴であり、この点で後者とは本質的に区別されるのである。ヴィゴーツキー理論では、複合から概念に至る言語的思考の発達のこのような道筋――つまり、高次な段階の一般化への道筋――がまずは中心的に解明されてきたがゆえに、その文脈にあっては、言語的思考はもっぱら思考現象として思考の発達のカテゴリーの中で論じられ、理解され、理論の中心を占めるこ

とになったわけである。この点については、たとえば、ヴィゴーツキーの次の言葉を引用して、確認しておこう。

「発達の過程において、これらの機能〔注意、記憶、知覚、意志、思考など——引用者〕はすべて複雑な階層的システムを形作っている。このシステムの中では思考の発達、概念形成の機能が中心的ないしは主導的な機能である。他のすべての機能はこの新しい形成物との複雑な総合へと入り込み、概念的思考に基づいて知性化され、再編成されるのである」（Выготский, 1931, c.348-349、邦訳、p.146）。

ところで、高次心理機能の発達の中心に位置する概念的思考の発達が、あらためて科学的概念の発達として詳細に論じられている論考が、実は、『思考と言葉』の第6章を構成している「児童期における科学的概念の発達の研究」である。この論考が第6章として置かれているという事実を知ることは、とても興味深いものである。なぜならば、この第6章では科学的概念の発達に焦点が当てられることで、言葉の意味はその一般化や体系化の水準を捉えられることにより、言語的思考の思考現象としての側面が典型的に問題にされている、といえるからである。この点で、後で詳しく見るように、同じ言語的思考をテーマにしていても、次に続く第7章とは趣を異にしているのである。

第6章は『思考と言葉』において初めて公刊されると序文に書かれているが、その内容の概略は1933年5月20日にレニングラード児童学研究所科学‐教授法会議での講演「学齢期における生活的概念と科学的概念の発達」に示されているので、少なくとも第7章の内容よりも1年は早い時期の議論である（この講演の内容についてはВыготский, 1935, c.96-115、邦訳、pp.96-123を参照のこと）。この第6章での議論と比較すると、第7章では言葉の意味の分析は、その一般化や体系化の発達に焦点が当てられる

のではなく、言葉の外面的な様相的側面と内面的な意味との関係や、内面的な意味における意義（語義）と「意味」の関係といった問題に向けられている。このことは、第7章の議論では、言葉の意味による言語的思考の分析が、思考現象としての側面よりも言語現象としての側面に重点を移している、ということを物語っている。

　この点に関しては、第7章の問題設定の部分でヴィゴーツキーが次のように述べていることが特に注目される。なお、この引用文中で思想（мысль）と訳されている語は、とりたてて難しいことを言っているわけではなく、思考している「意識の内容」とか「考えている（思っている）ことがら」といった意味で使われていることに注意してほしい。そこに、哲学者の体系的な思想といった意味が特別に込められているわけではない。

　「そのためには〔言語的思考の過程を全体として思い描くためには——引用者〕、**発生的平面から機能的平面に移行し、意味の発達過程や意味の構造の変化ではなく、言語的思考の実際の行程の中で意味が作用する過程を描き出さなければならない**。もしこれがうまくできれば、どの発達段階にも言葉の意味の独自の構造だけでなく、この構造に規定される思考と言葉の独自の関係も存在している、ということが示されるだろう。しかし、周知のように、機能的な問題は、機能的な構造の複雑さが分化し、成熟した形で現れている発達した高次な活動形式を研究するときに、何よりも容易に解決される。それゆえに、**発達の問題はしばらく脇に置いて、発達した意識における思想と言葉の関係の研究に取りかかろう**」（Выготский, 1934, c.268-269、邦訳、下巻、p.166、強調は引用者）。

　このように、第6章から第7章にわたる過程において、言語的思考の分析をめぐるヴィゴーツキーの考察に変化が見られるのだが、そこには、実は、ヴィゴーツキーの文化-歴史的理論の展開の上で大きな意味が読み

取れるのである。それは、本書の第3章「なぜ感情なのか」において言及してきた「感情過程と知的過程の統一である力動的な意味のシステムの存在」（Выготский, 1934, с.14、邦訳、上巻、p.29）ということが、この第7章の言語的思考の機能的分析の中でこそ示されていると思われるからである。この点を明らかにすることが本章の目的であるが、その解明は、何よりも、ヴィゴーツキーの文化−歴史的理論を人格理論として特徴づける根拠となるものである。次節以下でこの点を検討していくことになるが、そこでの議論は、最終的に、最も発達した意識における内言の意味論へと集約されていくことになるだろう。

2. 言葉の外面的な様相的側面と内面的な意味的側面の区別

　「言語的思考の実際の行程の中で意味が作用する過程を描き出す」ということで、まずヴィゴーツキーがおこなっていることは、言葉の中に二つの側面を区別するということである。それは、言葉の外面的な様相的側面と内面的な意味的側面の区別である。言葉が作用しているとき、これら二つの側面は必ずしも一致していないのである。ヴィゴーツキーが言葉に見られるこの現象に注目した理由は、これら両側面の区別と不一致という事実が、最終的に内言の意味論を考察する場合に、内言の最も内言らしい本質的特徴を明らかにすることにつながっているからである。以下において、その議論の筋道をたどってみよう。

　ヴィゴーツキーは、まずは子どもの言語発達の文脈において、幼児期の子どもの話し言葉の発達における外面的な様相的側面と内面的な意味的側面の不一致について言及している。前者は部分（単語）から全体（文）へと進むのに対して、後者は反対に、漠然とした未分化な全体から分化された部分へと進むのである。また、小学生の文章理解における外面的な様相

的側面と内面的な意味的側面との不一致にも言及している。すなわち、話し言葉では文法にのっとった複文の使用が自然発生的にできるにもかかわらず、子どもはこれら複文の意味的構造については自覚しておらず、それゆえに随意的には使用できないという不一致である。

しかし、言語的思考の機能的分析を進めていくということで、よりいっそう重要と思われるのは、発達した意識において言葉の両側面の関係を分析した以下のような事例である。

(1) 文法的な主語・述語と心理的な主語・述語の不一致

まずは、文法上の主語および述語と心理上の主語および述語との不一致という事実である。たとえば、「時計が落ちた」という句では、その表出された文型の上では、文法的に「時計」が主語で「落ちた」が述語であり、これで決まりである。これが言葉の外面的な様相的側面での関係である。ところが、心理的な内面的な意味では、この句の主語と述語の関係は文法的なそれと一致しているとは限らないのである。

もしこの句が、「時計はどうして止まっているのか」という私の質問に対する答えとして語られたとすると、そのときには、私の意識の中では、「時計」は「どうした」から止まったということを期待しているので、そこでは、心理的にも「時計」が主語で「落ちた」は述語であり、文法的なそれと一致している。しかし、もしこの同じ句が、物音がしたので「何が落ちたのか」を尋ねた私の質問に対する答えだった場合は、どうであろうか。そのときには、私の意識の中では、「落ちた」のは「何々である」ということを期待しているのだから、それに対する「時計が落ちた」という答えの句では、心理的には、「落ちた」のは「時計」であるという意味連関が成立している。つまり、心理的な意味の上では、「落ちた」が主語であり、「時計」が述語なのである。ここでは、言葉の外面的な様相的側面

と心理的な意味的側面とは一致していないわけである（Выготский, 1934, c.272、邦訳、下巻、pp.171-172）。

以上のことは、文法的な統語の主語・述語関係に規定された字義通りの外面的な意味とは相対的に独立に、意識の中では、心理的な文脈に規定された意味の上での独自の主語・述語関係が成立し、存在しているということを物語っている。

(2) 表現された言葉と思想の不一致

このように、言葉の外面的な様相的側面と内面的な意味的側面が一致しないということは、統語的な主語と述語の関係だけにとどまるものではない。そもそも言語的思考においては、言葉の内面的な意味は意識の内容を構成しているわけだから、それはまさしく思想にほかならない。日常生活においては、この内面的な思想そのものと言葉が表示する外面的な意味が一致していない、といったことがごく当たりまえに生じている。「心にもないことが口をついて出る」とか「手紙を書いたが、書きたいことを尽くした文章になっていない」とか、表現された言葉と思想とが一致しないことは茶飯事である。

また、逆に、表出された言葉が字義通りの言葉の意味とは別に、その裏に隠された思想を持っていることもよくあることだ。それゆえに、「本音を探る」とか「行間を読む」といったことも必要になる。ヴィゴーツキーによれば、表出された言葉の裏に隠された思想の問題については、心理学者より先に舞台芸術家たちが直面していたという。その例示として、舞台上の渡り台詞のポドテクスト（подтекст）を想起させるというスタニスラーフスキー・システムが挙げられている（Выготский, 1934, c.312-315、邦訳、下巻、pp.234-239）。ポドテクストとは、ここでは俳優たちがやりとりしている台詞の、その裏に隠された内面的な意味のことである。「お会

いできて嬉しいわ」「ぼくも嬉しいよ」という台詞の裏に隠された思想は、狼狽と嘲笑であったり、軽蔑と非難であったり、お互いに少しも嬉しくなかったりするのである。

　ヴィゴーツキーの挙げている事例ではないが、さらには、比喩を含む言い回しやことわざとかの表現は、言葉の字義通りの外面的意味とその内側に込められた思想とが異なっている典型である。たとえば、ロシアには、「恐怖の目はとても大きい」ということわざがある。恐怖に目があってそれが非常に大きいとは、字義通りの意味は何かお化けの描写みたいに思われるが、この表現に込められた思想は、「ひとたび恐怖心に囚われると、なんでもないことでも気になり、恐ろしく感じられてしまう」というものである。また、「あの男は黄金の腕を持っていて、この町では右に出るものはいない」といった言い回しは、「あの男はこの町で一番腕のよい職人だ」という思想を含意している。

　以上の例は、やはり、表現された字義通りの外面的な意味とは相対的に独立して、意識の中では意味の上で独自の思想が成立し、存在しているということを物語っている。

(3) 話し言葉における述語主義

　外に表出される言葉と内面的に展開される思想との不一致が極度に大きくなる例として、ここで話し言葉における述語主義について説明しよう。話し言葉では、返事をする場面とか、話題になっていることの主語があらかじめ相手にもわかっている場面では、完全な述語主義が出現する。ヴィゴーツキーの挙げている例を少しアレンジして紹介しよう（Выготский, 1934, c.293-294、邦訳、下巻、pp.203-204）。

　たとえば、「あなたのお兄さんはこの本を読みましたか」との問いかけに、「はい、私の兄はこの本を読みました」という冗長な返事が返ってく

ることまずない。「(はい、)読みました」といった述語だけの答えが返ってくるだろう。これで対話は十分に成立している。この場合、返事は外面的には述語だけの短縮された表現だが、この表現に込められた内面的な意味は、それを十全な言葉で記述するとすれば、「私の兄はいまあなたが私にお尋ねになったこの本をすでに読んでいますよ」といった思想である。極端に省略された言葉の外面的な様相的側面の単純さ——述語だけ——と、それが意味する内面的な思想の冗長さとの乖離がとても大きいことがわかる。

同様に、数人の仲間がプラットホームで都心のA駅へ行く電車Bを待っている場面では、彼らはみな、いま自分たちが間もなくやって来るであろうA駅行きの電車Bを待っているという事態を意識の上での意味として共有している。このような場面では、電車が近づいてきたことに気づいた彼らの誰一人として、「私たちが待っている都心のA駅行きの電車Bが来たよ」とは言わないで、ただ、「来たよ」といった述語だけを話すだろう。この場合、「私たちが待っているA駅行きの電車B」という内面的な意識上の主語(主部)が仲間みんなに共有されているからこそ、そこは省略され、外に表出される言葉は結論を示す述語だけで十分なわけだ。

以上のような現象を、ヴィゴーツキーは話し言葉における述語主義と呼んでいるのである。主語とそれに関連した事態の内容が対話者のお互いの意識の中に共有されている場面では、話される言葉に述語主義が法則的に現れるのである。ここでも、述語として表出された言葉の字義通りの意味とは相対的に独立して、意識の中には、省略された言葉の内容をすべて含みこんだ内面的な意味が成立し、存在していることがわかる。

この節の(1)(2)(3)で見てきたように、発達した意識における言葉の外面的な様相的側面と内面的な意味的側面との関係を分析してわかったことは、外に表れた言葉と内にある思想とは区別され、一致しないという

こと、つまり、前者とは相対的に独立して後者が成立し、存在しているという事実である。次節ではいよいよ内言の意味論について考察することになるが、内言では外面的な様相的側面はまったく消失しているので、そこでは、あたかも拡大鏡を通して見るかのように、内面的な意味的側面（思想）のみがほとんど絶対的に独立し、大きくなって、前面に立ち現れるのである。

3. 内言の意味論

　ここであらためて説明すると、内言とは、内面化された言葉、声に出されない、頭の中で展開される言葉のことである。この内言によって、私たちは前もって頭の中で必要な行為を計画し、その計画に従って自分自身の活動を調整する。本書の第2章「なぜ言葉なのか」において言及されているように、内言が発達した段階では、内言はその計画化機能によって、私たちの活動の主題と流れを決定するのである。このような内言に媒介された計画化機能とは、まさに高次な思考のはたらきにほかならず、このような内言に媒介された思考のことを、実は、固有に言語的思考と呼ぶのである。

　それゆえ、思考と言葉の不可分の統一体としての言語的思考を分析する場合、その分析単位としての言葉の意味とは、実際には言葉一般の意味ではなく、「内言の意味」のことにほかならない。ヴィゴーツキーの指摘するように、「内言は、思想と言葉の間の動的な関係を媒介する言語的思考の特別な内的局面と見ることができる」（Выготский, 1934, c.311、邦訳、下巻、p.229）のである。

　したがって、この章での課題である「発達した意識における言語的思考の機能的分析」とは、思想と言葉の間の動的な関係を内言の意味を単位と

して分析することであり、そのためには、まずは内言の意味論の特質を明らかにすることが必要である。

(1) 内言の述語主義

　先に話し言葉における述語主義について見てきたが、それは、主語とそれに関連した事態の内容が対話者のお互いの意識の中に共有されている場合には、話される言葉に述語主義が法則的に現れるというものであった。実は、このような事態は、内言では絶対的な、常に不変の法則となっている。すなわち、

　「話し言葉では述語主義への傾向がときどき（一定の状況ではかなり頻繁に、また法則的に）現れるとすると、……（中略）……内言の場合には述語主義が常に現れる。述語主義は内言の基本的で唯一の形式であり、心理学的見地からは、内言はすべて一群の述語から成り立っている。しかもそこでは、主語の省略によって述語が相対的に保持されるのではなく、絶対的な述語主義が見られるのである」（Выготский, 1934, c.300-301、邦訳、下巻、p.215）。

　このような内言の絶対的な述語主義はどうして生ずるのだろうか。内言はすべて当事者である私の心の中で生起する言語過程である。また、心の中での対話の相手は自分自身にほかならないので、相手の意識と自分の意識という区別もなく、すべての過程が自分自身の意識内の出来事である。そこでは、私は何が問題となっているのか、主語や主語に関連した事態の内容のすべてを、またそれについて自分が何を考えているのかを、完全に知っているわけである。それゆえ、これらはすべて、内的な言葉としても語られる必要はなく、例外なく、絶対的に、最初から完全に省略される。

内的な言葉として残るのは、意味の上での心理的な主語（主部）に対応して導き出された結論部分——述語——だけとなる。

こうして、内言では、言葉の様相的側面——純粋に述語のみ——と、その述語によって含意されている内面的意味（思想）の領域との極限までの、絶対的な分離が生じているのである。しかも、そこでは、述語部分は極小であり、それに比して、内面的意味（思想）の領域は膨大なのである。

(2) 内言の意味論の特質

内言においては、その様相的側面とそこで展開されている思想との極限までの、絶対的な分離が生じており、しかも思想の領域が膨大である、といったことがなぜ起こるのだろうか。まず、内言ではその外面的な様相的側面としての音声がゼロとなる。それゆえ、そこでは言葉の音韻論（音声学）はまったく問題にならない。また、内面化された言葉の様相的側面としての統語関係では、絶対的な述語主義が法則であり、さらには、「内言はその正確な意味においてほとんど単語なしの言葉である」（Выготский, 1934, c.304、邦訳、下巻、p.221）といわれているので、そこでは統語論もまず問題とならない。それらに代わって、内言では言葉の意味だけが前面に立ち現れるのである。

こうして、「内言は主として言葉の意味を操作する」（同上、c.305、邦訳、下巻、p.221）ものであり、それゆえに、意味論こそが最も重要なテーマとなっているわけである。そこで、内言の意味論を考察すると、内言の意味だからこそ、そこに独自性が見られるいくつかの特質を取り出すことができるのである（Выготский, 1934, c.305-311、邦訳、下巻、pp.222-231）。

1) 言葉の意義と「意味」

ふつう、言葉には意味があるというとき、言葉の意味には、一方では、

状況や文脈によって規定された——それゆえ、状況や文脈が異なれば容易に変化する——意味の領域があり、この領域を構成する意味のことを「意味」と呼ぶ(いわゆる一般的な意味と区別するために「意味」と記述しておく)。他方では、状況や文脈が異なっても不動不変の、きわめて安定した意味の領域があり、この領域を構成する意味のことを意義と呼ぶ。意義と「意味」の違いについて、ルーリヤ(Лурия А. Р.)の説明によって補足しておこう。

たとえば、炭という言葉には、一方で、「木を焼いた結果として生じた、化学的成分が元素 C(炭素)の黒い物体」といった一定の、辞書に定義されているような、文脈によって変化しない客観的な意味がある。これが炭という言葉の意義である。他方で、炭という言葉は、主婦にとってはお湯を沸かすために必要なもの、画家にとってはデッサンの道具、白い服を炭で汚した娘にとってはいまわしい不快なものといった、様々な、文脈によって(人によって)異なる意味を持っている。これが炭という言葉の「意味」である(Лурия, 1998, c.55-56、邦訳、1982、p.61)。

このように、「意味」には、状況や文脈に規定された、そこでの主体の経験を通じた知的な理解と感情的な態度が映し出されている。それゆえに、同じ言葉が人により様々な「意味」を持つことができるわけである。ヴィゴーツキーも、言葉が、それが編みこまれた文脈全体から知的内容と感情的な内容を吸収して、言葉の意義に含まれる以上のことや以下のことを意味するようになるとして、言葉の「意味」の可動性と変化について指摘している(Выготский, 1934, c.306、邦訳、下巻、p.223)。言葉は、辞書に定義されたような、客観的で固定された意味の領域としての意義を持つだけでなく、それが織り込まれた文脈から様々な知的および感情的な内容を取り込んだ、より多くの自由な「意味」を持つようになる。言葉の「意味」は状況とともに絶えず変化し、意味に多彩な彩りを付与しつつ、意義をはるかに越えて、いわば無尽蔵の豊かさを持つわけである。

さらには、ここで、言葉の「意味」が主体の経験を通じた知的な理解と感情的な態度の反映であるということ、一歩進めていえば、知性と感情の統一的なシステムであるとして語られていることに特に注目してほしい。この点は、この章の最後に再び言及されることになるであろう。

2) 内言は「意味」の巨大な塊

　ところで、このような言葉の意味における意義と「意味」の関係は、こと内言においてはいっそう拡大され、増幅されている。いま上で取り出した言葉の意義と「意味」は、いわば言葉を外側から眺めて、外の視点から客観的に分析して取り出されたものである。ところが、内言は徹頭徹尾個人の意識の中での現象であるから、内言の意味は、その意義であれ「意味」であれ、個人の意識の内部での運動として、内側からのみ捉えることができるのである。個人の意識の内部で内言の意味が作用する、その実際の過程を描き出さなければならない。そのとき、内言の意味の展開は、まさに一人ひとり異なる主観的文脈での出来事であるから、内言の意味は、もっぱら個人の意識の中で主観化された「意味」によって構成されているのである。

　それゆえ、上で客観的分析から取り出された言葉の意義は、内言では純粋な形では存在しえない。意義といえども、個人の意識の意味の運動の中では、多かれ少なかれ主観的な色合いを帯びざるをえず、多かれ少なかれ「意味」化されている。たとえば、「化学的成分が元素Cの黒い物体」という炭の意義は、教科書には客観的な意義として記載されえても、ある生徒の実際の意識においては、その生徒の意識にのみ固有な主観的文脈——たとえば、「これは試験に出るに違いない」とか、「こんなことはわかりきっている」とか——での主観的「意味」づけの中で、覚えておかなければならない重要な知識とか、あるいはどうでもよい知識といった「意味」を帯びて存在しているのである。

このように、個人の意識という主観的な文脈の中で展開される内言では、意味の一つひとつが、常に、その文脈ごとのいくつもの固有な「意味」を獲得しており、それゆえに、「意味」が意義を圧倒的に凌駕し、優勢なのである。そればかりか、意義をも含めた内言の意味全体が常に「意味」化されて、「意味」の巨大な塊を構成しているのである。

3)「意味」の作用

　さらに、内言における「意味」の運動を説明する特質について、ヴィゴーツキーは、言葉の結合や連合の過程に関連した膠着とか「意味」の作用ということを指摘している。膠着とは、本来は、概念の複雑な意味や特殊な意味を表現するために、いくつかの語や句が結合したり合同したりして、一つの複合語を作ることをいうが、内言では絶対的な述語主義ゆえに、膠着が語や句を単位としてではなく、言葉の意味を単位として生ずるのである。内言に見られる意味と意味との膠着のことを、意味論的単位の膠着と呼んでいる。

　このように、内言では意味を単位として、意味と意味の結合や合同が生ずるのだが、その場合、内言では、言葉の「意味」が意義よりもダイナミックであり、意義をはるかに凌駕し、意義よりも優勢なので、「意味」と「意味」の相互結合や相互合同の法則は、意義と意義の結合や合同の場合とは異なっている。

　意義と意義の結合や合同は、もともと不変な客観的な意義どうしの結合・合同であるから、新しく生まれる複合的な意義も、たとえ個人の意識の中で「意味」化されたとしても、その自由度は限られている。これに対して、「意味」と「意味」の結合や合同の場合には、「意味」と「意味」はお互いに自由に結合したり、合同したりして、また、先行や後続の言葉の「意味」をお互いに取り込んで、ほとんど無限に拡大していくのである。このような「意味」に独特な相互結合と相互合同の法則のことを、ヴィ

ゴーツキーは「意味」の作用と呼んでいる。内言では、「意味」の作用という特別の相互結合や相互合同の法則により、「意味」の巨大な塊が構成されているのである。

こうして、内言の意味は、外側からの客観的な分析においては、そこに言葉の意義の領域と「意味」の領域を分離して記述できるが、個人の意識の内部で内言が作用する実際の運動として、その過程を内側から分析するときには、それは、個人の意識の中で主観化された「意味」のシステムとして、「意味」の巨大な塊として捉えられるのである。

このように、内言にあっては、意義といえども多かれ少なかれ主観化され、「意味」化されているので、実際には、内言の意味の領域を意義と「意味」に区別する必要性は少ないと思われる。それゆえ、以下、とりたてて内言の意味の領域を意義と「意味」とに区別した議論が必要でない限り、両者を含めての内言の意味全体を「内言の意味のシステム」と記述していこう。当然のこと、その場合も、内言の意味のシステムにあっては、それはもっぱら「意味」のシステムとして成立しているということを忘れてはならない。

4. 知性と感情の統一の問題

(1) 思想の成分としての知性と感情の統一的システム

内言の意味のシステムとは、言語的思考において、内言の様相的側面が最大限に極小化されている——述語のみ——ことと裏腹に、その内面的な意味的側面が分離し、独立し、巨大な意味の領域を構成したものである。これは、思考している意識の内容そのものであり、思想そのものにほかならない。この章の第1節の末尾で言及されているように、この章の目的は、

『思考と言葉』の第7章での内言の意味論についての議論を分析していく中で、言語的思考の中に、「感情過程と知的過程の統一である力動的な意味のシステムの存在」（Выготский, 1934, c.14, 邦訳、上巻、p.29）を確認することであった。つまり、私たちの意識を構成しているその内容――思想――が、知性と感情の統一たる力動的な意味のシステムとして成立している、ということを確かめることであった。

このような目的を設定したのは、本書の第3章「なぜ感情なのか」における議論を受けてのことである。つまり、上記のことを確認することによって、ヴィゴーツキーの文化-歴史的理論が、彼の研究生活（大変に短いものであった）の最後の局面で、それまでの主知主義的傾きを克服して、知性だけでなく感情をも含みこんだ意識の発達のシステム論へと拡張されて、文字通りの人格発達の理論としての展開を遂げていた（遂げようとしていた）ことを論証したかったからである。

さて、前節までの分析からは、ヴィゴーツキー自身によって声高に明言されているとはいえないが、ヴィゴーツキーが思想の成分として、知性と感情の統一としての力動的な意味のシステムを捉えていたことが確認できたと思われる。このことは、内言の意味論の特質についてのヴィゴーツキーの議論の中で、とくに、言葉の意味における意義と「意味」の区別、内言における意義の「意味」化と「意味」の作用による「意味」の巨大化といった特質の分析から、明らかである。すなわち、そこでは、言葉の「意味」が主体の経験を通じた知的な理解と感情的な態度の反映であるということが示されていた。知性と感情の両者の反映である言葉の「意味」は、内言では意義を凌駕し、意義をも「意味」化しつつ、巨大な「意味」の塊を構成しているのであるから、その内言の「意味」の塊を実体とする私たちの意識の内容――思想――は、それ自体が知性と感情の統一の産物にほかならない。それゆえ、私たちの意識や人格のあり様を理解するためには、内言の意味を分析単位として、私たちの思想を構成する知性と感情

の統一たる力動的な意味のシステムを把握し、分析することが不可欠となるのである。

このように、『思考と言葉』の最終章で、ヴィゴーツキーの文化-歴史的理論は、言語的思考の分析をその内言の意味論の分析へと展開させることにより、それまでの概念的思考の発達を中心とした「人格論」から、感情をも含めた意識論へ、文字通りの人格の発達論へとその射程を広げてきたことがわかる。

(2) 思想とその動機

ところで、『思考と言葉』のこの最終章では、知性と感情の統一ということで、ヴィゴーツキー自身によって、「言語的思考の内的局面の分析における最後の結びの一歩」（Выготский, 1934, c.314、邦訳、下巻、p.236）と述べられた問題が取り上げられている。ここでヴィゴーツキーが取り出しているのは、思想の動機という問題である。ヴィゴーツキーによれば、言語的思考の内的局面においては、思想は他の思想から生まれるのではなく、愛着や欲求、興味や意向、感情や情動といった主体の意識の動機的側面から生まれるのである。それゆえ、思考の分析の最後の問題——なぜそのように考えるのか——を解決するためには、思想の背後にある感情や意志の傾向を把握する必要があるわけだ。ここで思い出されるのは、『思考と言葉』の第1章でのヴィゴーツキーの言葉、本書の第3章「なぜ感情なのか」の中でも引用した次の言葉である。すなわち、

「最初から思考を感情から切り離してしまった者は、思考そのものの原因を説明する道を永久に閉ざしてしまったのである。なぜならば、思考の決定論的分析は必然的に、思想を導く動機、あれこれの方向へと思想の運動を導く欲求や興味、意向や傾向の解明を前提としているからである」

（Выготский, 1934, c.14、邦訳、上巻、p.28）。

　こうした問題設定を踏まえて、ヴィゴーツキーは、思想の発生をもたらす動機の解明の例として、スタニスラーフスキー・システムにおける舞台上での俳優の渡り台詞とそのポドテクストの分析例を示している。ドラマの人物たちが展開する思想には、それが顕在的に語られるにせよ、台詞の背後に隠されるにせよ、そこに思想を引き起こす感情や欲求が存在しているのである。このような思想の動機の解明は、思考と動機の統一という意味では、そこに知的過程と感情過程の統一というヴィゴーツキー理論の命題の一定の実現方向が示されており、きわめて積極的な意味を持つものである。

　しかし、ヴィゴーツキーの内言の意味論の中に、知性と感情の統一としての力動的な意味のシステムを確認しようとしたこの章の目的からは、ヴィゴーツキーが提起している思想とその動機の解明という問題設定だけでは、必ずしも十分とはいえない。というのも、そこでは、知性と感情の関係が統一というよりも、あくまでも外的な関係として捉えられているからである。そのことは、ヴィゴーツキーが思想を雲にたとえ、思想の動機を雲を動かす風にたとえているところによく表れている。雲（思想）と風（動機）はあくまでも別々のものであり、その関係づけは外在的なものにとどまっている。

　そこにあるものは、これまでに上で確認してきたような、思想そのものがすでに知性と感情の統一たる力動的な意味のシステムにほかならない、ということとはまったく別のものである。このように、『思考と言葉』の最終章では、知性と感情の統一という方法論的命題は、まだ過渡的な様相を呈していて、明確な輪郭を描き出されてはいない。ヴィゴーツキーは、もし存命であったとしたら、次にどのような構想を抱いていたのであろうか。それを私たちは想像するしかないが、私たちは、この『思考と言葉』

の最終章での内言の意味論の中に、人間の意識の発達を知性と感情の統一として、人格論として再構築していこうとしたヴィゴーツキーの理論的営為を、確かに認めることができるのである。

引用文献

Выготский Л. С. 1931 Педология подростка. Задания № 9-16, М.; Л.（柴田義松・森岡修一・中村和夫訳『思春期の心理学』新読書社、2004 年。ただし 1984 年版に基づく邦訳で、全訳ではない。1931 年に原著の第 9 章～第 16 章が出版された。第 1 章～第 8 章までは 1929 年に出版）

Выготский Л. С. 1934 Мышление и речь. Психологические исследования. М.; Л.（柴田義松訳『思考と言語』上・下巻、明治図書、1962 年。この訳書は 1956 年版による）

Выготский Л. С. 1935 Умственное развитие детей в процессе обучения. М.; Л.（柴田義松・森岡修一訳『子どもの知的発達と教授』明治図書、1975 年）

Лурия А. Р. 1998 Язык и сознание. М.（天野　清訳『言語と意識』金子書房、1982 年。この訳書は 1979 年版による）

第5章

なぜ文化−歴史的理論なのか

この第5章で論じられている内容は、2007年3月に「ヴィゴーツキーの文化-歴史的理論の理解の拡張について」と題して、学術雑誌「心理科学」（第27巻第1号）に発表したものである。この論文を本書に再録するにあたっては、そのタイトルだけを本書のスタイル合わせて「なぜ文化-歴史的理論なのか」に改めた。論述の内容に関しては、誤記・誤植と形式上の調整を除いては、下記の理由により一切変更を加えずにここに再録している。

　この論文の内容は、読めばすぐにわかるように、神谷栄司氏が提起しているヴィゴーツキー理論の理解について論評を加えているものである。ここで私が対象としている神谷氏の諸論文における論述も、また私の論述もせいぜい2007年3月までのものである。したがって、2014年現在の時点での本書にこの論文をそのまま再録するのには、それなりの説明が必要であろう。

　実際、神谷氏は2007年10月に『保育のためのヴィゴツキー理論――新しいアプローチの試み――』（三学出版）を、2010年6月には文字通りの大著『未完のヴィゴツキー理論――甦る心理学のスピノザ――』（三学出版）を出版し、私が2007年3月の時点で論評を加えた氏自身の考えをさらに洗練し、深化し、体系化している。また、私についても2010年11月に『ヴィゴーツキーに学ぶ　子どもの想像と人格の発達』（福村出版）を出版し、今回の本書においても第1章〜第4章の内容を書き下ろして、私自身の考えを多少とも深化させている。従って、現時点での神谷氏や私の主張を正確に理解しようとするならば、上に挙げた一連の著書を読むことがベストであることは言うまでもないだろう。

　しかし、神谷氏の主張を支える基本的な考えやヴィゴーツキー理解のパラダイムも、また私の主張を支えるそれらについても、その大枠については基本的に変わっていない。それぞれの考えの基本骨格は2007年の時点までにほぼ構築されており、今日まで保持されている。そうであるならば、ここに再録された論文の内容は、お互いの思想を構築していく過渡的なプロセスをゆっくりと映し出しているものであるがゆえに、かえって神谷氏や私の主張の基本的な構造を浮き彫りにしてくれている。だからこそ、そのまま手を入れずに再録することに意味があると考えたわけである。

さらに、うれしいことには、当時私の論文に対して同じ雑誌の同じ号に寄稿して下さった神谷氏のコメント「中村和夫先生への書簡」（心理科学、第27巻第1号、2007年3月）について、神谷氏から資料としてここにそのまま再録してよいとの許可をいただくことができた。「書簡」となっているが、これは優に論文である。読者のみなさんは、神谷氏のこのコメント論文を併せて読むことにより、ヴィゴーツキー理論の理解をめぐる神谷氏と私の「論争的」対話の要点がどこにあるのかを、より的確に把握することができるであろう。また、やはり同時に掲載された、神谷氏の「書簡」に対する私の返礼の文章も再録しておくことにする。
　では、第5章「なぜ文化-歴史的理論なのか」の本論に入ろう。

1. はじめに

　ふつう、ヴィゴーツキー（Выготский Л. С.）の「高次心理機能の発達の文化-歴史的理論（以下、文化-歴史的理論と略記）」と呼ばれるものは、1924年にヴィゴーツキーがモスクワに移住してから肺結核で亡くなる1934年までの10年間に構築した心理学理論のことを指している。もちろん、文化-歴史的理論を構築する過程において、どの時点をその起点とするのかということによっては、この10年間は多少の幅を持つことになる。
　たとえば、まさに1924年の第2回全ロシア心理神経学会議での報告「反射学的研究と心理学的研究の方法論」（出版は1926年）や、それとほとんど重なる内容の「行動の心理学の問題としての意識」（1925）に文化-歴史的理論の胎動を見る者（中村、1998）もいるが、1926年から27年にかけて書かれた『心理学の危機の歴史的意味』（出版は1982年）こそがステップボードであると位置づける者（神谷、2004a）もいる。また、必ず

しも明言されているわけではないが、故郷ゴーメリで教師をしていた時代（1918-1924）にテキストとして用意した内容に基づいて出版された『教育心理学』（出版は 1926 年）に、文化-歴史的理論への過渡期としての内容を積極的に読み取る者（柴田、2005、2006）もいる。

　この起点をめぐる議論では、たとえば、『教育心理学』にその後の文化-歴史的理論への過渡的な内容を読み取ることができるということ自体には、大方の賛同が得られることと思われるが、その過渡的な内容を文化-歴史的理論とのつながりにおいてどのように評価するのかという点については、おそらく議論が分かれるところであり、今後のいっそう精緻な研究が必要であるだろう（中村、2006）。

　また、「反射学的研究と心理学的研究の方法論」の位置づけについても、議論の分かれるところである。たとえば、『心理学の危機の歴史的意味』に決定的な位置を与えている神谷の立場からは、『教育心理学』だけでなく、「反射学的研究と心理学的研究の方法論」や「行動の心理学の問題としての意識」も、「これらはヴィゴツキーの理論的自己形成の前史に位置するような著作である」（神谷、2004a、p.89）、とされている。これに対して、中村では、「反射学的研究と心理学的研究の方法論」や「行動の心理学の問題としての意識」には、「のちに定式化される思考の文化-歴史的理論への胎動が、はっきりと感じ取れる」（中村、1998、p.42）、と位置づけられている。

　このように、文化-歴史的理論を構築する過程におけるその起点をめぐって見解の違いがあるわけだが、実は、それにとどまらず、終点をめぐっても見解の相違が見られるのである。しかも、終点をめぐる見解の相違は、これから見ていく神谷の提案のように、ヴィゴツキー理論を文化-歴史的理論という枠組で理解することへの根本的な修正を迫るものだという点で、起点をめぐる違いとは比較できないほどに重大な論点となるものなのである。そこで、本稿では、神谷のこの問題提起を受け、まずその

論点について整理をする。次に神谷の主張についての評価をおこない、最後に、ヴィゴーツキー理論を文化-歴史的理論という枠組みで理解することの当否について、理解の拡張も視野に入れた検討を試みる。

2. 論点の整理──神谷によるヴィゴーツキー理論の理解の新しいパラダイムの提起──

(1) ヴィゴーツキー理論の全体像を捉える場合の3つの方向性

神谷（2004 a）では、ヴィゴーツキー理論の全体像を3つの方向性において捉えることができるとされている。その方向性と、それぞれの範疇に関連するヴィゴーツキーの文献は次の通りである（ただし、文献名や年に筆者による若干の補足・補正がなされている部分がある）。

①内言論に収斂されていく心理的道具（言語）による媒介理論の方向性
　『心理学の危機の歴史的意味』（1926-1927）をステップとして、「子どもの文化的発達の問題」（1928）、『子どもの発達における道具と記号』（1930）、『高次心理機能の発達史』（1930-31）、『思考と言語』（1934）など。神谷によれば、この方向性こそがヴィゴーツキー理論をいわゆる「文化-歴史的理論」として特徴づけているものである。

②児童学的研究（今日的に言えば、発達心理学と教育心理学）の方向性
　一連の「児童学」のテキスト（『学童期の児童学』（1928）、『青年期の児童学』（1929）、『思春期の児童学』（1929-1931））。発達心理学的研究としては、1932年から34年にわたる児童心理学に関する諸論文（「年齢の問題」、「乳児期」、「生後1年目の危機」、「幼児前期」、「3歳の危機」、「7歳の危機」など）。教育心理学的研究としては、『児童期の想像と創造』（1930）、

『教授過程における子どもの知的発達』(1928-1934) など。「発達の最近接領域」の理論はこの方向性のものとして捉えられている。

③情動理論から生じる心身一元論の方向性

　この方向性はこれまで十分に研究されていないので、上記2つの方向性には収まらないものである。そして、この点こそが神谷によるオリジナルな問題提起なのである。「人間の具体的心理学」(1929)、『情動に関する学説』(1931-1933) が挙げられている。とくに後者は重要で、この著作を通じてヴィゴーツキーは、①の文化‒歴史的理論を自ら相対化し、身体的モメントと結びついた自然的発達と精神的モメントとしての文化的（文化‒歴史的）発達の統一・融合としての「自然‒文化理論」（ないしは、「二重発達融合理論」とか「第3発達理論」と神谷が名づけている構想）の構築を意図していた、とされる。

では、これら3つの方向性はどのような関係にあると考えられているのだろうか。その考え方には多少の変遷が見られるが、結論の大枠は変わっていない。

　神谷 (2004a) では、「第2の方向性にある心理発達の具体的問題をとりあげるときに、第1の方向性と関連づけるだけでなく、第3の方向性とも関連づけて捉えなければならない」(p.90) と述べられるとともに、「こうして、ヴィゴーツキーの発達理論によれば、子どもの心理発達は、一方で言語発達との関連によって、他方では精神と一元論的関係にある身体との関連によって、自然的発達と文化的発達が融合していく過程として規定することができる。それは、心理学の具体的問題は《言語と発達》関係とともに《身体と発達》関係によっても分析されねばならないことを意味する」(p.91) と述べられているので、ヴィゴーツキー理論の把握において、①と③の方向性が基本であり、②の方向性は①と③に収斂されると思われ

るのである。この場合、ヴィゴーツキー理論の全体像は、基本的に、言語による媒介理論と情動による心身一元論という2方向から把握されることになるだろう。

　しかしながら、神谷（2005a）によると、必ずしもそうではない。この論文の中では、特に1930年代のヴィゴーツキー理論をそれよりも前の時期とは区別し、1930年よりも前の時期のヴィゴーツキー理論のみを「文化-歴史的理論」として、限定的に捉えようとする試みがなされている。

　では、1930年代のヴィゴーツキー理論とそれよりも前の時期のヴィゴーツキー理論とは、いったい何によって区別されているのだろうか。神谷によれば、区別の指標は、後者ではあくまでも個々の心理機能の発達が問題にされているが、30年代では心理機能の機能間の結合や関係、機能間の構造——したがって、意識システム・人格——の発達が問題にされている、という点である。つまり、1930年よりも前のヴィゴーツキー理論では個々の心理機能の発達だけが問題にされていて、人格という意識システムや意識の構造化が問題にされていないが、1930年代のヴィゴーツキー理論ではそれが問題にされている、というわけである。

　神谷によるこの区別に従うとすると、②に挙げられている一連の「児童学」のテキストは①の「文化-歴史的理論」に収斂するが、1932年から34年にわたる児童心理学に関する諸論文（「年齢の問題」、「乳児期」、「生後1年目の危機」、「幼児前期」、「3歳の危機」、「7歳の危機」など）は、決して「文化-歴史的理論」には収斂しないことになる。事実、神谷（2005a、2005b）によれば、②の方向性のうち、これらは〈意識の構造化〉の発達理論を担うものであり、1930年代のヴィゴーツキー理論にのみ特徴的な、ひとつの独自の方向性であると考えられている。

(2) 《身体―言語―心理》というパラダイムによる ヴィゴーツキー理論の理解の提案

次に、ヴィゴーツキー理論の①の方向性と③の方向性の両者の関係について、どのように考えられているのかを検討したい。この点については、神谷（2004b）からは次のように理解される。

神谷によれば、③の心身一元論の方向性は、実は、ヴィゴーツキーの晩年にいきなり出現したわけではなく、最初からヴィゴーツキー理論の通奏低音としてあった――たとえば、『心理学の危機の歴史的意味』にも、『高次心理機能の発達史』にも心身的ドクトリンや自然的発達と文化的発達の交差・融合が述べられている――ものが、晩年の『情動に関する学説』でまさに主題となって前面に出てきたというのである。したがって、もっぱら①の方向性をもってヴィゴーツキー理論を代表させることは正しくないし、むしろヴィゴーツキー理論の全体構想は③の方向性にこそある、というのである。

つまり、神谷によれば、ヴィゴーツキー理論を通常言われているような文化-歴史的理論として理解することでは狭すぎるし、不十分なのである。ヴィゴーツキーが構想した理論は文化-歴史的理論――神谷によれば、これは《言語―心理》という軸だけのパラダイムということである――というよりは、そこには収まりきらない、情動に基づく心身一元論に立脚した――まさに、《身体―言語―心理》という新しいパラダイムを持つ――「人間の心理学」というべき構想なのである。

神谷（2005a）では、この考えをさらに進めて、自然的発達と文化的発達の区別と相互関係（二重性と統一性）をこそヴィゴーツキー理論の中心に見出して、次のように述べられている。

「ヴィゴーツキーの発達論のなかに自然的なものと文化的なものの二重性

と統一性のモメントを見いだしてこそ、論理的記憶、随意的注意、言語的思考の分析（これらは1930年よりも前の研究——引用者）につづいて、30年代に研究された生活的行為と遊び的行為、教授・学習における自然発生性と反応性、生活的概念と科学的概念、母語と外国語、低次の情動と高次の情動、現在の発達水準と可能的発達水準からなる発達の最近接領域などの一連の2つの概念の対置と関連づけを理解することができる」（p.93）。

　この記述の意味するところは、1930年代のヴィゴーツキー理論の内容——③の心身一元論の方向性と②の方向性のうちの意識の構造化・人格の発達——だけでなく、1930年代よりも前のヴィゴーツキー理論の内容——すでに述べられたように、神谷によれば、1930年代の理論内容とは区別された、狭く限定された「文化-歴史的理論」に対応する——についても、心身一元論に基づく《身体—言語—心理》というパラダイムによって再解釈すべきであり、ヴィゴーツキー理論を文化-歴史的理論（つまり、《言語—心理》）としてではなく、「自然-文化理論」（あるいは「二重発達融合理論」とか「第3発達理論」）として把握すべきだ、ということである。

　これは、上で触れたように、ヴィゴーツキー理論を文化-歴史的パラダイムによる理解で代表させることへの異議であるだけにとどまらず、そもそもヴィゴーツキー理論は最初から文化-歴史的理論の範疇に収まるものではなかったと主張するもので、それは、これまで誰も言及したことのない、ヴィゴーツキー理論のまったく新しい解釈の提起なのである。神谷の次の言葉はこの含意をよく表している。

　「『情動に関する学説』は、彼（ヴィゴツキーのこと——引用者）がそれまでに構築した理論にひとつの章を付け足したものであるよりは、それは、もし彼があと数年生きていれば、彼の理論のすべてを体系化しようとする「人間の心理学」を産み出したであろうような性格のものである」（神谷、

2004b、p.19)。

　こうして、ヴィゴーツキー理論を文化‐歴史的理論として理解するこれまでの見方は、ひとつはヴィゴーツキー理論を 1930 年よりも前と 1930 年代の間で区別することにより、いまひとつは心身一元論に基づく《身体—言語—心理》というパラダイムの導入によって、きわめて限定された見方として相対化されるのである。

(3) 神谷によるヴィゴーツキー理論の発展の時期区分

　上で述べたような問題提起——パラダイム転換——に基づいて、神谷 (2005a) では、ヴィゴーツキー理論について次のような発展の時期区分が提案されている (p.94)。

A:「心理・意識・無意識」(1930) から『情動に関する学説』(1931-1933) における心身過程を視野に入れた、〈人間の心理学〉の構築に向けた時期

B:「人間の具体的心理学」(1929)、「心理システムについて」(1930) から『思考と言語』(1934)、「知恵遅れの問題」(1935) における〈意識の構造化〉の時期

C:「子どもの文化的発達の問題」(1928) から『思考と言語』(1934) における〈文化‐歴史理論〉(「自然‐文化理論」等)の時期

D: 反射学批判 (1924) から『心理学の危機の歴史的意味』(1926-1927) における〈心理学の方法論を構築〉しようとした時期

E: ハムレット論 (1915-1916) から『芸術心理学』(1925) における〈文学および芸術心理学の研究〉の時期

なお、神谷によれば、A、B、Cの関係については、CとB・Aは《断絶と延長》として捉えられ、AとBはほぼ同時的に進行しているが、BからAへは《延長》の関係として捉えられるので、両者を区別しておくということである。また、Cの〈文化-歴史理論〉という規定は、当然に狭く限定された意味での規定である。Cの時期も「自然-文化理論」として把握すべきだ、というのが上で見てきた神谷の主張であるからだ。それゆえ、「〈文化-歴史理論〉（「自然-文化理論」等）の時期」と書かれているのである。また、『思考と言語』はBの時期の論文とCの時期の論文によって各章が構成されているので、両方に名前が挙げられているのであろう。

　では、神谷によるこの時期区分について検討していこう（ただし、DとEの時期についてはここでの議論の対象外）。神谷は、1930年代におけるAとBの間に《延長》（つまり、つながりや連続性）を見る一方で、それらA・Bと1920年代の終わりの時期Cとの間には《断絶と延長》を見ている。《延長》だけでなく《断絶》を見る理由は、先に見たように、Cの時期には個々の心理機能の発達だけが問題にされている一方で、1930年代には機能間の結合や関係、機能間の構造の発達——意識システム・人格——が問題にされている、ということだからである。

　しかし、この区別の指標からすると、なぜ1929年の草稿「人間の具体的心理学」がBに含められているのかが疑問となる。なぜならば、1929年という時期もさることながら、「人間の具体的心理学」には、機能間の関係や機能間の構造の発達という意味での意識の構造化については、何も述べられていないからである。おそらくは、「人間の具体的心理学」の中に、人格の具体的心理学についての言及があるからだろうが、この点について神谷はア・ア・レオーンチェフ（Леонтьев А. А.）の言葉を引きつつ、次のように述べている。そこでのア・ア・レオーンチェフの言葉は、これまで述べてきた神谷の主張のひとつの根拠となっているものでもある。のちの議論に関連するので、長いけれど引用しておこう。

「『もちろん1930年にとどまるならば、ヴィゴツキーを文化-歴史心理学と同一視することは容易である。だが、1930年にとどまったとしても、私が示そうとしたように、そういうことにはなりそうにもない。なぜならば、すでに1929年に、ヴィゴツキーは新しいアプローチについて深く考え始めていたからである。ヴィゴツキーは文化-歴史的アプローチを創造したが、彼こそそれを克服した最初の人であった』……А・А・レオンチェフがここで挙げている1929年とは、その年に書かれたヴィゴツキーの手稿「人間の具体的心理学」を指しており、この手稿を起点にして活動論と人格論が新しいアプローチとして展開されるというのがレオンチェフの主張である。筆者が興味を惹かれるのは、中村もまたこの手稿を分析し、それを『文化-歴史理論』の文脈で捉えようとしており、それに対してА・А・レオンチェフは『文化-歴史理論』の『克服』を見いだしていることである。つまり、ヴィゴツキー理論の発展において、『文化-歴史理論』はある時期の特徴であるとすれば、次の時期はその否定として現れるのか、それともこの理論は一貫した深化として現れるのかという問題、言い換えれば、1930年代のヴィゴツキー理論は『文化-歴史理論』との断絶において捉えられるのか、それとも延長において捉えられるのかという根本問題に、ここでいきなり遭遇するのである」（神谷、2005a、p.82）。

　ここに引用した根本問題への神谷の回答は、上で見たように、《延長》だけでなく《断絶》をも見るというものであった。《延長》についても触れてはいるが、神谷の主眼が《断絶》に置かれていることは明らかである。この神谷の主張は、1929年の草稿「人間の具体的心理学」の位置づけと評価に関するア・ア・レオーンチェフの見解に沿ったものであることがわかる。神谷もまた、この草稿に、文化-歴史的理論の「克服」を読み取っているのである。だからこそ、この草稿はBの時期に含められているのである。

以上のような時期区分の説明を踏まえ、さらに、神谷（2005b）では、1930年代におけるヴィゴーツキー理論について特別に注目をして、1930年代のヴィゴーツキー理論にはA、B、Cの3つの路線が同時に走っているとされている。すなわち、A：『情動に関する学説』を代表とする「心身一元論」の路線、B：「年齢の問題」など児童心理学の諸論文に代表される「意識の構造化」の路線、C：『思考と言語』に代表される「文化-歴史的発達」の路線の3つの方向性である。その上で、ヴィゴーツキー理論の真の理解にとっては、これらの道を一本に合流する統一軸とその論理を見出すことが課題である、と述べられている。これを換言すれば、「身体」（A：心身一元論）―「心理」（B：意識の構造化・人格）―「言語（記号）」（C：文化-歴史的発達）という三角形（身体―心理―言語）の上にこそ、ヴィゴーツキーの「人間の心理学」の理論が構想されることになる。

　この神谷（2005b）では、1930年よりも前の時期のヴィゴーツキー理論のみを「文化-歴史的理論」として限定的に捉えようとする先の試みは後退し、1930年代にも文化-歴史的発達の路線が延長されていることがわかる。しかし、だからといって、ここで注意すべきことは、ヴィゴーツキー理論の全体像は決して文化-歴史的理論として特徴づけられるのではない、ということである。ここでも、文化-歴史的発達の路線はひとつの構成要素にすぎず、上記3方向性の統一の上に構想される「人間の心理学」こそがヴィゴーツキー理論の全体像である、というのがここでの神谷の主張なのである。つまり、Aの「心身一元論」の路線はもちろんのこと、Bの「意識の構造化」の路線も、Cの「文化-歴史的発達」の路線の延長や発展ではなく、むしろ、Cの路線それ自体を相対化・克服するものとして位置づけられているのである。この点は、神谷の一貫した主張であり、最新の論稿（神谷、2006a、2006b）にも確認される。

　これに対して、やはり神谷の引用の中で言及されていた中村は、神谷やア・ア・レオーンチェフとは違って、文化-歴史的理論はヴィゴーツキー

理論のある時期の特徴であったり、意識システムや人格の発達とは別の方向性・次元の理論であると捉えるのではなく、1924年に始まり1934年にヴィゴーツキーが亡くなる時期までを一貫した、ヴィゴーツキー理論の本質そのものであると捉えている。したがって、神谷の新しいパラダイムによるヴィゴーツキー理論の理解の提案は、結果として、中村のヴィゴーツキー理解への批判となっているのである。

次節において、神谷の新しいヴィゴーツキー理論の理解の提案――パラダイム転換――について、その評価を試みるつもりである。その検討のためのひとつのモノサシとなる資料として、次に、中村によるヴィゴーツキーの文化-歴史的理論の形成と展開の時期区分について、紹介しておこう。

(4) 中村によるヴィゴーツキー理論の形成と展開の時期区分

中村は1924年の反射学批判から1934年の『思考と言語』第7章での内言の意味論までを、文化-歴史的理論の一貫した構築過程として捉えている。そして、この短い期間の間にも文化-歴史的理論の「胎動」、「芽吹き」、「形成」、「発展」の流れを捉えることができるという（中村、1998、2004）。各時期に属するヴィゴーツキーの文献とその時期の特徴ついて、簡単にまとめておこう（ただし、筆者による若干の補足・補正がなされている部分がある）。

a. 胎動の時期　「反射学的研究と心理学的研究の方法論」（1924年の講演）、「行動の心理学の問題としての意識」（1925）。

　これらの論文において、ヴィゴーツキーは人間の行動研究から意識の問題を排除してきた反射学の機械的唯物論を内在的に批判し、反射学が二次的条件反射としての言葉に注目せざるをえなくなって

いることを捉え、そこに反射学の自己破産を見ている。換言すれば、ヴィゴーツキーは、人間行動の説明には、それを内的に調整している意識の問題の解明が不可欠であり、それは言葉を媒介にした研究方法論の導入により可能であることを強調したのである。この時期の意識論には、のちに定式化される思考の文化‐歴史的理論への胎動がはっきりと確認できる。

b. 芽吹きの時期　『心理学の危機の歴史的意味――方法論的研究――』(1926-1927)。

　20世紀初頭の世界の心理学界では、多くの心理学派が対立して鎬をけずり、心理学は危機の時代を迎えていた。ヴィゴーツキーは、唯物論の立場から心理学を科学的に位置づける目的を持ち、ソビエト内部および欧米の主要な心理学理論を批判的に検討し、その方法論的検討作業の中から新しい心理学の建設への展望を探っていった。この著作は、方法論的な基礎が確立されたという意味で本質的に重要である。しかし、高次な心理機能（意識）を解明する「心理学的唯物論」に固有のカテゴリーや概念は、まだ具体的に提出されていない。弁証法と帰納‐分析的方法の適用によるそれらの発見・創造への自覚の中に、文化‐歴史的理論への方法論的芽吹きが確認できる。

c. 形成の時期　「子どもの文化的発達の問題」(1928)、「ケーラーの諸研究との関連での類人猿の知能の問題について」(1929)、『学童期の児童学』(1928)、『行動史試論――猿・原始人・子ども――』(1930)、『子どもの発達における道具と記号』(1930)、「心理的システムについて」(1930)、『高次心理機能の発達史』(1930-1931)、『思春期の児童学』(1929-1931)、『教授過程における子どもの知的

発達』(1928-1934)、『児童（年齢）心理学の諸問題』(1932-1934)、『思考と言語』(1934)、「知恵遅れの問題——作業仮説構成の試み——」(1934?)、「高次心理機能の発達と崩壊の問題」(1934) など。

　エンゲルスの「猿が人間になるについての労働の役割」やケーラーが明らかにしたチンパンジーの道具的知能の研究を経て、ヴィゴーツキーは労働過程の中に2つの方向に向かう媒介過程を見出した。1つは外側に向かう、道具を媒介にした自然の支配の過程であり、もう1つが他人または自分の心理過程に向かう、記号（とくに言葉）を媒介にした人間自身の行動の支配である。後者の発見こそは、人間に固有な高次心理機能の発生と発達を説明する本質的メカニズムの発見であり、ここに具体的な形での文化-歴史的理論の誕生が確認される。

　人間自身の行動支配の本質的メカニズムとして、記号（言葉）による媒介という関係を取り出したヴィゴーツキーは、この関係に焦点を当て、人間の高次心理機能の発達について、その発生と構造と機能を文化的発達というカテゴリーによって、具体的に解明していく。

d. 発展の時期　　「人間の具体的心理学」(1929)、『児童期の想像と創造』(1930)、『教授過程における子どもの知的発達』(1928-1934)、『思春期の児童学』(1929-1931。とくに第12章「思春期の少年の想像と創造」)、『思考と言語』(1934。とくに、第6章「児童期における科学的概念の発達の問題」、第7章「思想と言葉」)。

　この発展の時期は、cの形成の時期と重なっているが、その中で、とくに高次心理機能の発達にとって最も本質的な記号的（言語的）媒介のメカニズムが、科学的概念の発達や内言の意味のシステムの発達との関連で検討されている。前者に関しては、学校での体系的

な科学的知識の教授とその習得による科学的概念体系の発達こそが、子どもにおける自覚性と随意性の発達（意識的な内面の発達）の実体であることが解明されている。後者に関しては、具体的な個人の意識の世界（具体的な人格）を捉える方向と可能性が、思考と感情の統一としての内言の意味のシステムの発達に求められている（これらの点については、とくに中村、2004 に詳しく述べられている）。

　以上の中村の時期区分を概観して、神谷のそれとの最も大きな違いは、ひとつは、神谷がおこなったようには、ヴィゴーツキー理論を 1930 年より前の時期と 1930 年代との間で区別していないということである。つまり、そこに《断絶》を見ずに《延長》だけ——文化-歴史的理論の一貫した発展と深化——を見ているわけである。いまひとつは、神谷が心身一元論に基づく新しいヴィゴーツキー理論の理解を構想するに至ったヴィゴーツキーの著作『情動に関する学説』についての位置づけがなされていない、ということである。
　実は、この 2 点の違いこそは、ヴィゴーツキー理論の理解に対して、神谷の提案する「自然-文化理論」（「人間の心理学」）という把握が本当に成り立つものなのか、それとも中村のいう一貫した文化-歴史的理論という把握が妥当なのか、といった問題の成否を問う論点なのである。したがって、次節では、この 2 点の違いに焦点を当てて、神谷の提起するヴィゴーツキー理論の理解におけるパラダイム転換について、その評価をおこなっていくことにしよう。
　しかし、ここで、あらかじめ断っておきたいことがある。以下に筆者が試みることは、神谷の提案に対して批判や反対を第一義的な目的とするものではない、ということだ。上で見てきたように、神谷の提案はきわめて斬新であり、総合的でスケールの大きいアイディアである。これまで類例のない神谷のヴィゴーツキー理論の解釈に初めて触れたときに、筆者は驚

きと共に率直な感動を覚えた。もし、この提案が論証されるならば、それはヴィゴーツキー理論の研究において革命的なことだと思われるし、仮に論証が困難な作業だったとしても、この作業の過程で様々な議論がおこなわれるその成果はとても大きな意味があり、生産的なものになるだろうと思われる。

したがって、以下の筆者の試みは、ヴィゴーツキー理論を一貫した文化－歴史的理論として理解する立場のひとりとして、神谷の提案との対話を通して、あらためて自らの理解を振り返り、深化させるための作業なのである。

3. どう受けとめるべきか
―――新しいパラダイムの提起に対する評価―――

(1) 1930年より前の時期と1930年代との間に《断絶》はあるのか

1930年代では機能間の結合や関係、機能間の構造――意識システム・人格――が問題にされているということを指標にして、個々の心理機能の発達が問題にされている時期と区別し、そこにヴィゴーツキー理論の文化－歴史的理論としての発展・深化だけではなく、あえて文化－歴史的理論との断絶を見ることは妥当なのだろうか。この点について検討しよう。

1) 1929年の「人間の具体的心理学」をめぐって

まず取り上げるのは、1929年の草稿「人間の具体的心理学」をめぐって、神谷により引用されていたア・ア・レオーンチェフの見解についてである。ア・ア・レオーンチェフは「人間の具体的心理学」に関連させて、この時期にヴィゴーツキーは新しいアプローチについて深く考え始

め、それまでの「文化-歴史理論」の克服を考え始めていたと述べているが、ア・ア・レオーンチェフのこの指摘は果たして正しいだろうか。神谷も「1930年代のヴィゴーツキー理論は『文化-歴史理論』との断絶において捉えられるのか、それとも延長において捉えられるのかという根本問題に、ここでいきなり遭遇するのである」（神谷、2005a, p.82）と述べた上で、ア・ア・レオーンチェフの見解を肯定的に紹介していたわけである。

確かに、神谷の引用のように、ア・ア・レオーンチェフは、ヴィゴーツキーのこの草稿に関連して、「……この時期、意識に関するヴィゴーツキーの理論は2つの強力なひこばえ（幹や根から分岐した若芽のこと——引用者）をもたらしている。活動理論と人格理論である」（Леонтьев А. А., 1990, c.110）と述べて、あたかもこの草稿の時期以降に、この「ひこばえ」が育ち、ヴィゴーツキー理論は文化-歴史的理論であることを否定・克服して、新たに活動理論に基づく人格の心理学へと変遷したかのように描いている。

しかし、このア・ア・レオーンチェフの立論は、実はまったく説得力がないものである。なぜならば、ヴィゴーツキー理論はその最初から最後まで、活動理論とは根本的に異なるものだからである。事実、この草稿にも活動理論の「ひこばえ」を示す記述はまったく見当たらない。ア・ア・レオーンチェフは、草稿の中の「心理の指向性」や「対象的内容を持つ思考」について述べられた断片を、強引に活動理論の「ひこばえ」と見なしているが、これらは何ら活動理論を証明するものではない。なぜならば、活動理論は確かに「心理の指向性」や「対象的内容を持つ思考」を扱うが、「心理の指向性」や「対象的内容を持つ思考」を扱うからといって、それが活動理論であるとは限らないからである。たとえば、記述心理学は指向性と対象との意味的な関係を特徴とするが、誰もそれを活動理論とは呼ばないであろう。

こうして、1929年の草稿に活動理論の「ひこばえ」が存在しない以上、

ア・ア・レオーンチェフの言うような活動理論に基づいた人格理論へのヴィゴーツキー理論の変遷も存在しないのである。ここでは、これ以上の議論は省略するが、ヴィゴーツキー理論が最初から最後まで活動理論とは異なっていることの詳細な論証は、中村（1998）の第7章を参照されたい。

なお、付言しておくと、「人間の具体的心理学」の中には、個人の意識の具体的な把握の必要性に言及した断片的な記述が存在する。しかし、これらの記述は活動理論の人格論とは無関係であり、むしろ、1929年のこの時期のヴィゴーツキー理論と1930年代のヴィゴーツキー理論（とくに、1934年の『思考と言語』の第7章で展開されている内言の意味論）との文化–歴史的理論における発展的な連続性をこそ示すものと考えられる（この点については、後述することになる）。

2) 深化か断絶か

神谷はまた、「A・N・レオンチェフによれば、ヴィゴツキーは心理諸過程の媒介的発達を解明したあと、『文化–歴史理論がその準備段階であった、出発点となる基幹的な問題——意識の問題に戻った』」、「ヴィゴツキーによる内化過程の理解には、1930年代の始めまでに深い転換が起きていた」（いずれも神谷、2005a, p.83）、というア・エヌ・レオーンチェフ（Леонтьев А. Н.）の見解を肯定的に紹介しつつ、ここから、「きわめて確かなことは、『文化–歴史理論』は個別的心理機能の媒介的発達を研究したものの、心理諸機能間の連関の発達を問題にしてこなかった」（同上、p.84）と述べている。

しかし、ア・エヌ・レオーンチェフの言うように、文化–歴史的理論は1930年までは意識の問題を置き去りにして、1930年代に再び「出発点たる基本問題、つまり意識の問題に戻った」（Леонтьев А. Н., 1982, c.37）のだろうか。また、神谷の言うように、文化–歴史的理論は個別の心理機

能の発達だけを研究し、心理諸機能間の連関の発達を問題にしてこなかったのだろうか。心理諸機能間の連関の発達を問題にし、意識の発達と人格の発達を問題にした1930年代のヴィゴーツキーの理論を、それより前の時期の「文化‒歴史的理論」とは区別し、あたかも前者はそれまでの「文化‒歴史的理論」の克服や否定であるかのように描き出すことは、本当に妥当なことなのだろうか。

　筆者は、ヴィゴーツキーの文化‒歴史的理論は最初から意識の発達、人格の発達を問題にしていたと考えている。途中、文化‒歴史的理論では意識の問題が忘れられていて、1930年代に再び「意識の問題に戻った」というのではなく、1930年代に、文化‒歴史的理論において意識の問題への新たな深化が見られる、ということだと考えている。これは文化‒歴史的理論そのものの発展であり、そこに何か別のものへの変遷や断絶が捉えられるべき必然性はない。

　たとえば、そもそも文化‒歴史的理論における記号（言語）的媒介の基本的発達図式である有名な「A─X─B」という三項図は、行動の内的な調整者としての高次心理機能の発達を表すものであった。内的記号による行動の内的な調整者の成立と発達こそは、高次心理機能の発達路線であり、それは人間を外的刺激に一方的に規定されたり、自らの行動を神の手に委ねる受動的な存在としてではなく、行動の自己決定をおこなう主体的な存在として捉えるものである。「A─X─B」という三項図は、自覚的で随意的な意識の発達図式であり、意志の発達図式であり、人格の発達図式にほかならない。この基本的発達図式である三項図は、すでに1928年の「子どもの文化的発達の問題」の中ではっきりと示されている。ヴィゴーツキーは最初から意識の発達、人格の発達を問題にしていたのである。

　もちろん、確かに文化‒歴史的理論には、そのアプローチや意識の理解の仕方に段階的な発展（たとえば、指摘されているように、個々の心理機能の発達→機能間の結合や関係、機能間の構造の発達へとか、主知主義的な意識論→知

能と感情のシステムとしての意識論へなど）をたどることができるが、それは上記のように、一貫して記号（言葉）の媒介による高次心理機能の発達路線に収斂されるものであった。文化‐歴史的理論の内部における発展の過程で、古いものの否定と新しいものの生成が見られることは当然であるが、それは文化‐歴史的理論そのものの深化なのであり、文化‐歴史的理論以外の何か別のものへの変遷や断絶とは別のことである。

さらに、1930年前後（この時期の仕事は、決して1930年代とも、それよりも前の時期とも画然と分割することはできない）には、『行動史試論──猿・原始人・子ども──』（1930、とくに第3章「子どもとその行動」。この章は1928年の『学童期の児童学』に基づいて記述されている）や『高次心理機能の発達史』（1930-1931、この内容の基本枠のスケッチが1929年の「人間の具体的心理学」に示されている）の中では、確かに、主として個々の心理機能の発達について述べられているが、それと同時に、機能間の関係の発達についても述べられている。

たとえば、『行動史試論──猿・原始人・子ども──』では知覚と計算との発達的関係が述べられているし、『高次心理機能の発達史』においては、子どもの計算と知覚との関係（第8章）、聾唖児における注意の発達と言葉の発達との関係（第9章）、随意的記憶（論理的記憶）と記録ないしは書字の体系的方法の発達における言語的記憶の位置（第10章）などが解明されている。

さらにさかのぼれば、そもそも論理的記憶の発達も、言語を媒介にした記憶と思考のシステムとして解明されていたのである（「子どもの文化的発達の問題」1928）。そして、このような言語を媒介にした機能間の依存関係については、1928-1929年に書かれた「児童期における多言語併用の問題」の中では、言葉と知的発達だけでなく、言葉と性格や情動や人格全体との関係にまで言及されているのである。

また、『高次心理機能の発達史』（1930-1931）よりも少し早くに書かれ

て出版された『思春期の児童学』(1929-1931) の第 11 章には、個々の機能について取り上げながらも、それらが他の心理機能との結合や関係の発達の中で語られてもいる。すなわち、

「思春期における心理発達の全歴史は、機能の向上と独特な高次の総合の形成から成り立っている。この意味で、青少年の心理発達史には厳密な階層構造が支配している。それぞれの機能（注意、記憶、知覚、意志、思考）は、1つの容器に入れられたひと束の小枝のように並んで発達していくわけではない。共通の幹によってお互いに結びつけられた、1本の木のそれぞれの小枝のように発達していくのでもない。発達の過程において、これらの機能はすべて複雑な階層的体系を形作っている。そこでは思考の発達、概念形成の機能が中心的または主導的な機能である。他のすべての機能はこの新しい形成物との複雑な総合へと入り込み、概念的思考に基づいて知性化され、再編成される」(Выготский, 1984a, c.113、邦訳、p.146)。

また、『高次心理機能の発達史』も『思春期の児童学』も、その最終章で前章までの議論の総括として人格の発達を取り扱っている（前者は第15章「結論。今後の研究方法。子どもの人格と世界観の発達」、後者は第16章「思春期の少年の人格の動態と構造」）。個々の心理機能の発達とともに、それらの総括として人格の発達が捉えられていたのである。

このような画然とは区別できない 1930 年前後のヴィゴーツキーの仕事における、個々の心理機能の発達についての記述と、機能間の結合や関係の発達についての記述の混在状態の中から、あえて前者と後者の断絶のモメントを取り出す必然性があるのだろうか。この混在の中に、断絶ではなく、むしろ、文化-歴史的理論の発展と深化の移行過程を見るべきではないだろうか。ましてや、そこに文化-歴史的理論そのものの否定や克服を見る必然性は、どこにもないと思われる。

(2) 『情動に関する学説』についての位置づけ

1931年から1933年にかけて書かれたといわれている『情動に関する学説——歴史-心理学的研究——』（Выготский, 1984b）は、かなり長文のモノグラフであるにもかかわらず、残念ながら未完成である。しかも、中間的な結論に続くはずであったと思われる、私たちが最も知りたい最終的な結論の部分が未完なのである。それゆえに、このモノグラフの内容をどのように読み取るかは、それをヴィゴーツキー理論の全体的な内容や文脈のどこに位置づけるかによって、論者ごとに異なったものとなるのはある意味で当然のことに思われる。

このモノグラフの中間的結論のひとつは、キャノン（Cannon, W. B.）やシェリントン（Sherrington, Ch. S.）やマラノン（Maranon, G）らによる実験的研究と、さらにはウィルソン（Wilson, S. A.）やダナ（Dana, Ch.）やヘッド（Head, H.）らによる臨床的研究から、いわゆるジェームズ＝ランゲ理論について、それが事実的データに照らして検証されないということを明らかにしていることである。同時に、ジェームズ＝ランゲ理論についてのこれらの批判や新しい理論（視床理論と呼ばれる）は、多くの優位な面を持つが、人間の情動の心理学の構築という課題に対しては、ジェームズ＝ランゲ理論の立っている哲学——機械論的な因果的説明原理——とその基盤を同じにしていて、人間に固有な高次な感情やその発達の問題については解決できない、ということである。

このモノグラフのいまひとつの中間的結論は、現代（この当時）の情動心理学が説明心理学と記述心理学とに分立し、お互いに補完しあっている状況は、デカルト（Descartes, R.）の『情念論』に見られる心身二元論——機械論的身体論と自由意志を持つ精神論——とその矛盾に起因しているということである。情念をめぐるデカルト学説は、その矛盾した原理が分極化され、現代の情動心理学の極端な機械論的構想（生理学的な因果的説明心

理学）と唯心論的構想（目的論的な記述心理学）に具現化されている、ということである。

　そして、このモノグラフの最終的な未完の結論は、スピノザ（Spinoza, B. de）こそは因果的心理学と目的論的心理学との、感情の決定論的構想と非決定論的構想との、唯物論と唯心論との闘争において、人間の高次な感情とその生活的意味の問題を形而上学においてではなく、因果的、決定論的、唯物論的に説明しようとしたということである。スピノザの学説には、現代の情動心理学が分裂した２つの部分――デカルトにおける機械論と唯心論――のどちらにも存在しないものが含まれている。それは人間的な高次な感情の因果的説明と生活的意味の統一の問題、つまり、感情の説明心理学と記述心理学の分裂とその補完ではなく、それらの統一という問題である。

　しかし、モノグラフにはここから先が示されていない。スピノザの学説――心身一元論――に立脚した、人間の高次な感情の発達とその生活的意味を捉えうる唯物論的、決定論的心理学とは具体的にどのようなものかが示されていないのである。この未完の結論から、いったいヴィゴーツキーはどのような情動の心理学を具体化しようとしていたのだろうか。この問いに対するひとつの回答が、第２節で見てきた神谷の提起する《身体―言語―心理》という新しいパラダイムによる「人間の心理学」なのである。この点に関して、神谷（2004b）では次のように述べられている。

　「こうした心身一元論のうえに、ヴィゴツキーは情動論において、情動における動物性と人間性、本能的興奮と情動、低次の情動と高次の情動を統一的にとらえ、したがって、生理心理学と高次心理機能の心理学を統一する枠組を探求しようとした。その枠組は……歴史的・発達的枠組にほかならない。それは、おそらく《身体―言語―心理》という枠組、あるいは《身体―心理》と《発達の社会的状況》という枠組において捉えられる人

間の発達心理学という姿をとるであろう」(p.18)。

　このように述べた上で、神谷（2004b）はヴィゴーツキーの他の著作（たとえば、『高次心理機能の発達史』）に見られる「発達理論における身体的モメント」について注目し、ヴィゴーツキー理論には、「自然」（身体的モメント）と「文化」との統一の視点が貫かれていると考察している。また、神谷（2005a）や最新の論稿（神谷、2006a、2006b）の中では、さらに綿密に、『芸術心理学』のエピグラフや『心理学の危機の歴史的意味』の叙述や「心理・意識・無意識」の中の叙述を分析し、そこからヴィゴーツキーが心身の統一性の視点を明確に保持していたことを析出している。こうした考察を踏まえて、次のような大胆な提起に至るわけである。少し長くなるが、最も重要なところなので引用したい。

　「以上に述べたように、彼（ヴィゴツキーのこと——引用者）が『情動に関する学説』をもとに今後の心理学として構想したのは心身一元論に立った「人間の心理学」であり、これを核にした彼自身の心理学の再構築であろう。『心理学の危機の歴史的意味』は「子どもの文化的発達の問題」から『高次心理機能の発達史』へ、さらに『思考と言語』へと結実したと捉えることができるが、ヴィゴツキーが晩年に長い時間をかけて書き綴った『情動に関する学説』は、彼がそれまでに構築した理論にひとつの章を付け足したものであるよりは、それは、もし彼があと数年生きていれば、彼の理論のすべてを体系化しようとする「人間の心理学」を産み出したであろうような性格のものである」（神谷、2004b、p.19）。

　こうして、未完のモノグラフ『情動に関する学説』は、『心理学の危機の歴史的意味』から『思考と言語』へと結実した文化-歴史的理論とは「異なる相貌を持つもうひとつのヴィゴツキー」（神谷、2006a、p.375）を

示すものであるとされ、それはヴィゴーツキー自身の心理学理論全体を「人間の心理学」として再構築するための決定的な著作として位置づけられているのである。

　以上の大胆にして魅力的な神谷の提案を前にすると、正直、筆者自身この提案に身を委ねてみたいという誘惑に駆られる。興味も想像力も大いに鼓舞される。しかし、ここでは、あえて踏みとどまり、一歩腰を引いたところから『情動に関する学説』の位置づけをおこなうことにしたい。

　神谷は『情動に関する学説』で提起されたスピノザ学説の心身一元論から、「人間の心理学」の構想へとたどり着いているが、このモノグラフにより私たちの前に立てられた問題は、人間的な高次な感情の因果的説明と生活的意味を統一する「人間の情動の心理学」の構築・具体化ということである。いきなり「人間の心理学」へと飛躍する前に、「人間の情動の心理学」をヴィゴーツキーがどのようなものとして具体的に構想しようとしていたのか、という問題に一定の回答を与えることこそが順序だと思われる。そして、このように問いを立てたとき、このモノグラフで展開されているヴィゴーツキーの議論の論理的な構造が、高次心理機能の文化-歴史的理論を導き出したときの議論の論理構造とまったく同じであることに気がつく。

　周知のように、『高次心理機能の発達史』（Выготский, 1983）の中で、ヴィゴーツキーは、現代（その当時）の心理学が生理学的、自然科学的、説明的、因果的心理学と了解的、記述的、目的論的心理学に分立し、この二元論の中で、純粋に自然的な法則性か純粋に形而上学的な法則性かが問われるだけで、心理学は人間の高次な心理機能の発達の問題を解明できない状況にあることを明らかにしている。その上で、この状況を克服し、人間の高次心理機能の発達を因果的、決定論的、唯物論的に解明できる新しい心理学として、言葉（記号）の媒介による高次心理機能の文化-歴史的発達理論を具体的に展開しているのである。私たちは、そこに、『情動に

関する学説』における議論の展開とまったく同じ論理構造を見て取ることができる。

『高次心理機能の発達史』の中では行動の文化的発達ということで、主に知覚や注意や記憶や思考の発達が取り上げられたが、それとまったく同じ論理展開で、『情動に関する学説』では情動の文化的発達が問われようとしたのではないだろうか。確かに、情動という一筋縄ではいかない現象を扱う困難さは伴うが、議論の論理構造の同一性を見れば、このように考えるのが自然だと思われる。

さらに、筆者がこのように考えるもうひとつの根拠は、『情動に関する学説』よりも遅く書かれた『思考と言語』の第7章における内言の意味論が、高次な感情の発達の問題と不可分なものだからである。内言の意味を構成する意識の具体的な内容を捉えるためには、それまでの文化-歴史的理論が明らかにした言葉と思考の発達との関係や、概念的思考と意識における自覚性・随意性の発達との関係だけでなく、どうしても言葉と感情の発達との関係、思考と感情の発達的関係の解明が不可欠だったと考えられるからである（ここでは、この点を指摘するだけにとどめざるをえないが、関連した知見は、中村、2004 や NAKAMURA, 2006 を参照のこと）。

このように、もし、『情動に関する学説』では情動の文化的発達が問われようとしたのだとすれば、このモノグラフで提起されている、人間的な高次な感情の因果的説明と生活的意味の統一の上に打ち立てられるべき新しい情動の心理学も、言葉（記号）の媒介による高次心理機能の発達というメカニズムの中で──まさに、文化-歴史的理論として──構想されると考えるのが最も自然である。

言うまでもないが、ヴィゴーツキー理論を文化-歴史的理論として規定する最も本質的な特質は、人間の意識を解明する細胞──『資本論』における「商品」──として、歴史的・社会的な起源を持ち、「意識と同じように古い」言葉を取り出し、その媒介によって意識の発達を説明するとこ

ろにある。実は、見落とされがちなのだが、言葉は歴史的・社会的存在であり、物質的、身体的な存在であると同時に精神的な存在でもある。ヴィゴーツキーのよく知られた言葉を引用しておこう。

「それゆえ、思考と言葉は人間の意識の本性を理解する鍵である。もし『言語が意識と同じように古く』、もし『言語は実践的な意識、他の人間にとっても存在し、したがって、私自身にとっても存在する意識である』としたら、もし『物質の呪い、運動する空気層の呪いが最初から純粋な意識を支配している』としたら、思考だけでなく意識全体がその発達において、言葉の発達と結びついていることは明らかである」(Выготский, 1934, c.318、邦訳、下巻、p.243)。

身体によって発せられる運動する空気層の呪い（言葉）と意識が最初から不可分であるならば、その媒介を意識の発達の本質的原因とする文化-歴史的理論は、決して心身一元論の外側にあるものではなく、心身一元論を内に含んだ理論なのである。だからこそ、文化-歴史的理論は唯物論的理論なのである。また、情動の発達が意識の外側のものではなく、意識の発達を構成するものであることも言うまでもないだろう。したがって、言葉を媒介にしてこそ情動の発達も捉えうるのである。

もちろん、このような筆者の立論に対して異を唱えることは可能である。このような心身一元論の理解は、あたかも心理過程と大脳の生理学的過程とが不可分であるといった類の心身一元論の主張であり、そのような心身一元論の理解ではとうてい不十分だという異論である。事実、神谷（2004b）では、もっと直接的な身体と心理の一元的関係が想定されている。たとえば、子どもの《最初のことばとしての指差し》や《手による思考》、子どもの遊びに見られる《行為における回想》や《行為における想像》、大人における身体芸術などが心身一元論による「人間の心理学」を

捉える具体例として挙げられている。しかし、これらの例も、上で述べたような、言葉（記号）の媒介による高次心理機能の発達という路線上で、文化-歴史的理論に包摂される心身一元論として十分に説明がつくというのが筆者の考えである。この点は、項を改めて述べることにしよう。

ここでは、次の項への橋渡しとして、『情動に関する学説』の位置づけの違いが、ヴィゴーツキー理論の細部にわたる理解の違いをもたらしている事実を見てみたい。それは、1929年の草稿「人間の具体的心理学」（Выготский, 1986）の中にあるヴィゴーツキーの短い記述をめぐる議論である。

この記述をめぐって、神谷（2004b）では、『情動に関する学説』をもとに、今後の心理学としてヴィゴーツキーが構想したのは心身一元論に立った「人間の心理学」であるという持論が述べられ、そこから私たちに再吟味が迫られる理論問題が列挙されたあとで……「それはヴィゴツキー自身の次の言葉の意味を深く考えることでもある。――「私の文化的発達の歴史は、具体的心理学の抽象的加工（разработка）である。」――『情動に関する学説』はそのように読まれるべきであろう」（p.19）と述べられている。また、神谷（2004a）では、同じこのヴィゴーツキーの言葉（「私の文化的発達の歴史は、具体的心理学の抽象的加工（разработка）である。」）を引用したあと、「ここからは上述の第1の方向性（内言論に収斂されていく記号による媒介理論の方向性のこと――引用者）を相対化しようとする意図も読み取れる」（p.90）、と述べられているのである。明らかに神谷は、ヴィゴーツキーのこの言葉を『情動に関する学説』の主題を先取りしたものであると解釈し、ヴィゴーツキーが文化-歴史的理論を相対化しようと意図したものだ、と読み取るのである。

これに対して、筆者は、上のヴィゴーツキーの言葉をまったく異なる意味で解釈している。それは、この時点までにヴィゴーツキーが練り上げてきた文化-歴史的理論を、ヴィゴーツキー自身が「個人の具体的心理学」

としては不十分であることを自覚したもの、として理解される。したがって、上の言葉は、「私の文化的発達の歴史は、具体的心理学の抽象的な**準備作業**（разработка）である」と読み取られる。文化-歴史的発達の構想をさらに深化させるためには、「具体的心理学」――動物とは区別される人間一般に固有な抽象的心理学にとどまらない、個人に独自な具体的心理学――が次に仕上げられねばならない。このことをヴィゴーツキーはポリツェル（Politzer, G.）の「ドラマとしての心理学」から学び、自覚したのである。したがって、上のヴィゴーツキーの言葉はさしあたって、神谷の言う意味での『情動に関する学説』の主題とは無関係だと考える。

なお、この個人に独自の具体的心理学への深化は、『思考と言語』の第7章の内言の意味論において日の目を見ることになるのである（この点は、中村、1998、第6章を参照のこと。また、内言の意味論と個人の具体的な意識の発達との関係については、中村、2004やNAKAMURA, 2006を参照のこと）。

(3) 文化-歴史的理論における心身一元論

先に、神谷（2004b）では直接的な身体と心理の一元的関係が想定されていて、たとえば、子どもの《最初のことばとしての指差し》や《手による思考》、子どもの遊びに見られる《行為における回想》や《行為における想像》、大人における身体芸術などが心身一元論による「人間の心理学」を捉える具体例として挙げられていることを指摘した。

これら例示されているいくつかのテーマを見ると、そこでは、たとえば虚構遊びでは、「語の意味」の「事物からの解放」と「行為からの解放」というシンボル的・意味論的分析だけでなく、この遊びに表れている《行為における回想》または《行為における想像》の分析が必要だと主張されている。なぜならば、「語の意味」の「事物からの解放」と「行為からの解放」という局面は、知的発達の一面だけを取り出すものと考えられてい

るからである。それに対して、《行為における回想》または《行為における想像》の局面について、神谷は、これらは身体的モメントをもち、他者になって遊ぶことのうちにある回想と想像であり、知的側面だけでなく感情をはじめとした発達全体をとらえることのできるものであり、シンボル的・意味論的分析よりも豊かな内容と結論を導き出すことができる、と主張している（神谷、2004a, p.91-92）。

　しかし、実のところ、行為における回想であれ想像であれ、そのものこそが意味の実体であり、この場合、想像を媒介に（想像力によって）他者になって遊ぶ身体そのものが、これら回想・想像の記号となっていると捉えることもできる。つまり、言葉・記号（ここには記号としての身体も含む）の意味論は、そもそも最初から知的側面だけでなく、身体と結びついた感情の側面も含みこんで成立しているのである。神谷が例示している子どもの「身振り表現」や、さらには大人の身体芸術（舞踊、演劇、フィギュアスケートなど）における身体的モメントの能動性についても、まったく事情は同じである。「その想像する精神が想像する身体でも」あり、「その精神は身体とひとつになっている」（神谷、2004a, p.93）ということは、身体をも意味（内面的および外面的）の表現とする記号論に立てば、作家の文章が精神とひとつになっていることとまったく同じなのである。

　この観点からは、まったく同様なことが意識という主観的文脈の内にある内言の意味論においても成立する。中村（2004、NAKAMURA, 2006）はヴィゴーツキーの内言の意味論において、内言の意味の実体・存在形態がまさに想像におけるイメージであることを解明している。内言の意味の実体が想像におけるイメージであるならば、そのイメージは想像を媒介にして身体にも言葉にも表現され、これら記号とひとつになるのである。こうして、神谷の挙げている心身一元論の例は、文化-歴史的理論とは別のものではなく、文化-歴史的理論の内に包摂されるのである。

　なお、ヴィゴーツキーが内言の意味の実体を想像におけるイメージだと

考えていることは、ヴィゴーツキーの文化−歴史的理論と最新の認知言語学における「身体運動意味論」とが重なることを示すものであり、あらためて文化−歴史的理論の心身一元論の可能性を確認できるよい機会を与えてくれる。この問題については、次の最終節で見ることにしたい。

4. おわりに

(1) ヴィゴーツキー理論の補完による 「人間の心理学」の構想

『情動に関する学説』で提起されている心身一元論をヴィゴーツキー理論がどのように受け止めるべきかについては、そもそものヴィゴーツキー理論の捉え方によって異なってくる。文化−歴史的理論としてのヴィゴーツキー理論では、心身一元論に貫かれた理論とはなりえないと考えれば、あらためて心身一元論に貫かれた別の理論構成が必要となり、それまでの文化−歴史的理論は相対化され、新しい理論構成の中に再編成されることになる。その場合は、文化−歴史的理論ではなく、新しい理論として「人間の心理学」が構築される。

他方、文化−歴史的理論は、それが十分であるかどうかは問われるべきだが、文化−歴史的理論として心身一元論に立脚していると捉えられれば、『情動に関する学説』で提起されていることは、文化−歴史的理論としてのさらなる発展と深化の道であり、それは「人間の情動の心理学」の構築と、その文化−歴史的理論への包摂である。「人間の心理学」はあくまでも文化−歴史的理論としての発展の先に構築されるものである。

言うまでもなく、神谷は前者の考えに立っており、最新の論稿（2005b、2006a、2006b）では、ヴィゴーツキー理論をバフチーン（Бахтин М. М.）

の「身体＝記号」論とスピノザの心身論によって補完することで拡張し、そこに新しい理論構成を試みている。これは神谷の観点からはひとつの必然的な方向であり、注目に値する試みである。ただし、本稿でのこれまでの議論によれば、「身体＝記号」論については、ヴィゴーツキーの文化-歴史的理論そのものの内容を成しているものであり、いまさらバフチーンによる補完は必要ないと考えられる。スピノザによる補完については、その当否は難しい問題である。心身一元論のある部分は文化-歴史的理論の基礎を成している（言葉は物質的、身体的、精神的存在）し、「身体＝記号」論もこの理論に包摂されているが、中村（1998）で指摘されているように、次のような意味では、文化-歴史的理論に身体との統一が欠けていることも事実である。

　まずは、ヴィゴーツキー理論が活動理論ではないということである。記号としてではなく、対象にはたらきかけ、対象を実際に加工・変革する身体活動と心理との統一という意味での心身論が、文化-歴史的理論ではその本質に位置づけられていない。さらに、自己受容的・内受容的感覚の経験としての内側からの身体的経験（身体感覚と不可分の情動を含む）を、人格のリアリティとしてどのように位置づけるかということも、文化-歴史的理論の苦手とするところと思われる。これらは「身体＝記号」論の範疇を超えている問題である。これらの点で、スピノザの心身論による補完は妥当な方向性と思われる。ただし、その場合に、その補完によって拡張されたヴィゴーツキーの理論は、はたしてヴィゴーツキー理論なのだろうか、それともヴィゴーツキー理論から発展した別の理論なのだろうか。この点は明確に示される必要があろう。

(2) 文化-歴史的理論の身体運動意味論による拡張

　文化-歴史的理論と心身一元論との関係について、これまでの議論に関

係するきわめて面白い知見に出会った。それは、月本（2005）および月本・上原（2003）の中で展開されている。

そこでは、認知言語学における「身体運動意味論」という新しい知見が提起されている。身体運動意味論とは、「言葉の意味とはその言葉によって惹き起こされる（仮想的）身体運動である」（月本、2005、p.189）というものである。ここで仮想的身体運動というのは、実際の身体運動ではなく、想像による身体運動のイメージである。したがって、上の命題を言い換えれば、「言葉の意味とは想像による身体運動のイメージである」ということになり、人間の言語理解には仮想的身体運動としての想像によるイメージが必要だ、というものである。

では、想像によるイメージがなぜ身体運動に根拠づけられるのであろうか。それは、最近の脳科学における脳の非侵襲計測（fMRI、MEG、PETなど）による研究から、次のことが明らかになったからである。すなわち、「ある身体運動で活性化する〔脳の〕神経回路とその身体運動をイメージ（想像）するときに活性化する〔脳の〕神経回路は基本的に同じである」（同上、p.182）、ということである。その場合、想像と実際の身体運動との違いは、次の3点である。

①想像の場合には筋肉からのフィードバック信号がない。
②想像の場合には、脳から神経を通して筋肉に送られるパルス数がかなり少なく、したがって、実際に筋肉は動かない。
③感覚については、想像の場合には末梢神経は活性化されない。

以上のことから、「ある身体運動をしているときとその身体運動を想像しているときで、脳の基本的に同じ部位が活性化される。ということは、想像は、筋肉運動や末梢神経の活動を伴わない神経活動であり、イメージ（想像）するときに、我々は仮想的に身体を動かしている、といえる」（同上、p.183）のである。たとえば、/inu/ という言葉に頭の中で犬のイメージが浮かぶと、このとき犬を実際に見ているときと同じ眼球運動を活性化

する脳の神経回路が活性化しているのである。

　この事実を踏まえるとき、想像活動における心身一元論の方向性が見えてくる。この点について、月本・上原（2003）では次のように述べられている。

「心と身体の対応といえば、心理学等で、過去に、いくつかの対応は指摘されているであろうが、想像が仮想的身体運動であるというように、脳の活動部位の合致という証拠を有する心と身体の対応は、これ以外にない」(p.14)。

　心と身体の対応ということで、いきなりは一元論までは踏み込めないが、身体運動意味論からは、身体論と言葉の意味論とが想像（イメージ）論を媒介にしてみごとにつながっていることが理解される。

　中村（2004、NAKAMURA, 2006）によれば、ヴィゴーツキーの内言論では、言葉の意味の実体は想像におけるイメージにほかならない。このことは、身体運動意味論によれば、内言の意味は仮想的身体運動であり、身体運動のイメージであるということだ。内言の意味は身体運動にそのひとつの根拠を置いていることになる。そうであるなら、言葉は、身体によって発せられる「運動する空気層の呪い」（Выготский, 1934, с.318、邦訳、下巻、p.243）というだけでなく、その意味論（心理的内容）においても明確な身体的基礎を持っているというわけである。

　このように、もし、内言の意味論を現代の身体運動意味論によって拡張することができるならば、ヴィゴーツキーの文化‒歴史的理論は、『情動に関する学説』で提起された心身一元論を、まさに文化‒歴史的理論として包摂しつつ、発展・深化していくことができるのである。

引用文献

神谷栄司　2004a　幼児の想像発達における精神的なものと身体的なもの（Ⅱ）——身振り表現の哲学的・心理学的分析——　佛教大学社会学部論集、第 39 号、pp.83-96.

神谷栄司　2004b　ヴィゴツキーの情動論と「人間の心理学」、ヴィゴツキー学、第 5 巻、pp.9-19.

神谷栄司　2005a　ヴィゴツキー理論の発展とその時期区分について（Ⅰ）、佛教大学社会福祉学部論集、創刊号、pp.81-98.

神谷栄司　2005b　ヴィゴツキー理論の新しい視座——精神・身体・記号の三角形、2005 年 11 月 3 日開催・ヴィゴツキー学大会発表原稿

神谷栄司　2006a　訳者あとがき　ヴィゴツキー著（神谷栄司・土井捷三ほか訳）『情動の理論——心身をめぐるデカルト、スピノザとの対話——』三学出版所収、pp.374-387.

神谷栄司　2006b　『芸術心理学』から『情動に関する学説へ』——ヴィゴツキーにおける「人間の心理学」の探求——　ヴィゴツキー学、第 7 巻、pp.11-17.

柴田義松　2005　訳者解説、ヴィゴツキー著（柴田義松・宮坂琇子訳）『教育心理学』、新読書社所収、pp.319-324.

柴田義松　2006　『ヴィゴツキー入門』　子どもの未来社（寺子屋新書）

月本　洋・上原　泉　2003　『想像——心と身体の接点——』ナカニシヤ出版

月本　洋　2005　身体運動意味論——言語・イメージ・身体——　現代思想、Vol.33、No.2、pp.180-191.

中村和夫　1998　『ヴィゴツキーの発達論——文化-歴史的理論の形成と展開——』東京大学出版会

中村和夫　2004　『ヴィゴツキー心理学　完全読本——「最近接発達の領域」と「内言」の概念を読み解く——』新読書社

中村和夫　2006　書評（柴田義松著『ヴィゴツキー入門』）、學鐙、Vol.103、No.3、pp.40-43.

NAKAMURA, K. 2006 What is the substance of word sense in inner speech? Bulletin of the faculty of human development, Kobe university, Vol.13, No.2, pp.1-5.

Выготский Л. С. 1934 Мышление и речь. Психологические исследования.

М.; Л.（柴田義松訳『思考と言語』上・下巻、明治図書、1962年）

Выготский Л. С. 1983 История развития высших психических функций. Собр. соч. Т.3. М., С.5-328.（柴田義松監訳『文化的‐歴史的精神発達の理論』学文社、2005年）

Выготский Л. С. 1984a Педология подростка. Собр. соч. Т.4, М. С.5-242.（柴田義松・森岡修一・中村和夫訳『思春期の心理学』新読書社、2004年）

Выготский Л. С. 1984b Учение об эмоциях. Историко-психологическое исследование. Собр. соч. Т.6. М., С.91-318.（神谷栄司・土井捷三ほか訳『情動の理論──心身をめぐるデカルト、スピノザとの対話──』三学出版、2006年）

Выготский Л. С. 1986 Конкретная психология человека. Вестник МГУ. Сер.14. Психология, № 1. С.52-65.

Леонтьев А. А. 1990 Л. С. Выготский. М.

Леонтьев А. Н. 1982 О творческом пути Л. С. Выготского. ‒ В кн.: Выготский Л. С. Собр. соч. Т.1. М., С.9-41.

注：上に挙げられたヴィゴーツキーの文献については、直接引用をしているものだけに限っている。

〈資料1〉

中村和夫先生への書簡（註1）
神谷栄司（佛教大学　＊2007年当時）

1

　中村先生、お元気にお過ごしでしょうか。2005年8月1日に、先生に初めてお会いし、ヴィゴツキー学協会の研究集会で先生のご報告を拝聴する機会に恵まれました。そのときの報告が「ヴィゴーツキーの文化-歴史的理論の理解の拡張について」のタイトルで本誌に掲載される運びとなり、その原稿を眼にして、あの朝のことを改めて思い起こしています。先生は私が過去2〜3年の間にヴィゴツキーについて論じたものをきわめて丁寧にお読みになり、それこそナイフで切り刻まれましたが、あの場で自分自身をも同じナイフで切りつけられました。私は最前列でお話を聞きながら、その公平で学問的な姿勢にいいしれぬ感動を覚えたのでした。それはもちろんマゾヒズム的な喜びでも、刺し違えの喜びでも毛頭なく、共通の議論の土俵が設定されたことの喜びでありました。

　ある若い研究者が「中村-神谷論争」などと言っているようですが、私にとって先生との親和性の方がはるかに真実をあらわしています。欧米経由のヴィゴツキー理解にもロシア経由のヴィゴツキー理解にも満足できないところに先生と私の親和性の源泉があるように思われます。私についていえば、ヴィゴツキー研究にかなり力を注ぐまでは、保育実践の研究を行ってきました。もちろん、保育の問題を解決するためにヴィゴツキーから理論的示唆を受けるというヴィゴツキーの学び方はしてきましたが、実際に保育を見て、そのなかに理論問題を捉えることを機軸にしてきました。保育者が自分の実践をまとめたレポートを読んで、それを分析するのが実践研究であるかのような錯覚が、残念ながら、保育学・教育学の実践研究につきまとっています。その「錯覚」は根本的には研究条件から来ているものだとしても、私はそうした「実践研究」には満足できませんでした。その基本的な姿勢はヴィゴツ

キー研究の場合にも同じです。それは少々我流なもので、研究手続きを無視しているとの誇りを受けかねませんが、ヴィゴツキーと自分との間にあらゆる他者のヴィゴツキー解釈をはさまずにヴィゴツキーを読むことに徹するというものです。それはちょうど、中国語訳の経典では満足できずにサンスクリット語でブッダそのものを読むブッディストと似ています。そしてまた、ひとつの語やひとつのフレーズにこだわり、それをめぐって瞑想するような禅僧にも似た孤独な作業こそ、私のヴィゴツキー理解の方法です。もちろん主観的な読みとならないように、事後に関連する先行研究は読みますが、それでもなお、先行研究におさまらないものに価値を見いだしたくなるのです。

もし基本的な姿勢において、先生と私の間に違いがあるとすれば、先生は私よりも緻密で論理的であり、私はより懐疑的であることかもしれません。もしそうだとしても、それは相対的な違いであって、懐疑なしに論理的ではありえず、論理なくして懐疑的ではありえないので、これも大きな違いではありません。

ヴィゴツキー理解について大きな違いがあるとすれば、先生は玄関口からヴィゴツキーという建造物に入られているのに対して、私の方は勝手口から入り込んでいる、という入口の違いに起因しているように思います。やはり『思考と言語』（Выготский, Л. С., 1934 / 1982 // 2001）、とくにその最終章はヴィゴツキーの表看板です。それをどのように読むかはヴィゴツキーを理解するうえで避けて通れないものです。と同時に、勝手口には『情動に関する学説』（Выготский, Л. С., 1933 / 1984 // 2006）が控えていると私には思えてなりません。土井捷三先生と私たちによって『情動の理論――心身をめぐるデカルト、スピノザとの対話――』のタイトルで、どうにかそれを邦訳しましたので、ロシア語や英語で読まなくても参照しうるようになりました。これも同じようにヴィゴツキー理解には避けて通れない著作であろうと思われます。いいかえれば、ヴィゴツキー理論を『思考と言語』（とくに最終章）に引きつけて解釈することも、未完の『情動に関する学説』に引きつけて解釈することも、ともに可能なことなのです。つまり、ヴィゴツキー－バフチンの路線とヴィゴツキー－スピノザの路線がともに可能なことになります。

2

　そこで私は非力を顧みず、ヴィゴツキー理論のなかにバフチン的ものとスピノザ的なものがどのように結びつきうるかという課題を立てて、それに正面から挑むというドンキホーテのような役回りを演じました。左手には「記号と語義・意味」と書かれた盾をもち、右手には「心身問題」という槍をもって、眼の前でまわる風車のなかに真理があるぞと突撃したのでした。しかし、風車のなかには「それは謎である」と書かれた紙切れが見つかっただけでした。これが私の暫定的な結論です（神谷栄司、2006a、2006b を参照のこと）。しかし、このドンキホーテはまだ探求をあきらめたわけではなく、モスクワでのヴィゴツキー記念国際研究集会の折に（2005 年 11 月、2006 年 11 月）、旧知の心理学者や哲学者に私の問いについて尋ねてみました。ある心理学者は「君はファンダメンタルな問題に触れている」と感想をもらし、他の心理学者は「『それは謎として残されている』という結論が気に入った」と私を慰め、第 3 の心理学者は「バフチンとスピノザはもともと結びつきようがない」と語り、ある哲学者は「バフチンはスピノザの影響を受けているよ」と助言されました。私はこの謎をますます解いてみたくなり、いましばらくはドンキホーテであろうと思ったのでした。

3

　しかし、正面突破作戦とともに、迂回作戦も必要です。
　上記の問題を仮にヴィゴツキー理論における「バフチン-スピノザ」問題と呼ぶとすれば、ヴィゴツキーの著作のなかでその解答は明示的ではないにせよ、この問題と深く繋がった命題が散見されます。ひとつだけ、先生にも私にも解答を迫られる問題をあげておきたいと思います。
　『思考と言語』のなかでは、言語的思考の単位は語の意義〔語義〕значение（ズナチェーニエ）であり、人間の意識（言語的思考はその一部である）の単位が語（ことに内的言語）の意味 смысл（スムィスル）であり、しかも後者が前者を内包していることは明示的です。しかし同時に、「7 歳の危機」（Выготский, Л. С., 1933 / 1984 // 2002）や「児童学における環境の問題」（Выготский,

Л．С．1934／2001）を読みますと、意識の単位は心的体験переживание（ペレジヴァーニエ）であると明瞭に述べられています（とくに前者）。念のために、該当箇所を示しておきましょう。

　（ことばと思考の統一体の単位は意義〔語義〕であることが触れられたあと、次のように述べられている。）人格と環境とを研究するためにも単位を指定しうるであろう。その単位は病理心理学と心理学のなかで心的体験と名づけられてきた。心的体験は、それが表しているのは子どもへの環境の影響である、あるいは、子ども自身の特質であるとは言えないようなもっとも単純な単位である。つまり、心的体験は、発達のなかで捉えれば、人格と環境との単位なのである。それ故に、発達的には、環境的モメントと人格的モメントの統一は子どもの一連の心的体験のなかに実現されている。心的体験は現実のあれこれのモメントに対する人間としての子どもの内的関係と捉えられるべきものである。どの心的体験もたえず何ものかの心的体験である。何ものかの意識の働きではないような意識の働きが存在しないのと同じように、何ものかの心的体験ではないような心的体験も存在しない。だが、どの心的体験も私の心的体験である。**心的体験は意識の単位として、つまり、注意や思考のなかでは意識の諸連関が与えられていないのに対して、意識の基本的性質がそれ自体として与えられている単位として**、現代の理論のなかに導入されている。(Выготский, Л. С., 1933 / 1984 с. 382-383 // 2002, p. 161-162、強調＝引用者）

　このように、ヴィゴツキーは、一方では意識の単位は心的体験であると述べ、他方では内的言語の意味であると考えていることは明らかでありましょう。問題はヴィゴツキーが明示的には示していない両者の関係をどう理解するのかにあり、これも抽象度を高めれば「バフチン−スピノザ」問題のひとつであると考えます。

4

　意識の単位にも関連してきますが、上述のヴィゴツキー記念国際研究集会（2006年11月）で興味深い発表資料を眼にしました。それは、イェ・ユ・ザヴェルシネヴァ「エリ・エス・ヴィゴツキーの学術著作史の時期区分の問題によせて」（Завершнева, Е. Ю., 2006）という論考で、「興味深い」と申しましたのは、そこではヴィゴツキーの手稿などの未発表資料が駆使されている点にあります。この女史が伝えている未発表資料の内容やそれにもとづく女史自身の立論のうち、私たちの対話に関連するものを抜き出してみます。

(1) ヴィゴツキーの未発表資料のなかには未執筆に終わった諸著作のプラン（いちばん早い日付は32年）が見つかっており、そのプランのなかには、『意識の問題』というタイトルがつけられたものが含まれており、内容的には『思考と言語』がその序論に位置している（Завершнева, Е. Ю., 2006, с. 47-48）。(註2)

(2) 『意識の問題』にいたる経緯を女史は次のように立論している――「思考はたんに記憶や注意と並ぶ諸機能のひとつなのではなく、ヴィゴツキーの考えによれば、『人間に固有な特質』に関するもっとも主要な問題が思考と連結している。そのような特徴を十全にはもたらしていない諸機能――記憶、注意――は、文化-歴史理論の枠内で素早く獲得された。思考は硬いクルミのようであり、すでに1928年に始められた実験が研究プログラムの新しい前進をもたらしたが、その実験は、思考が他の『諸機能』――情動とことば――と密接かつ独特に結びついていることを示した。3つの未知なるものの均衡を仮定するならば、意識理論の構築を意味することになるであろう。第1の解答――もっぱら「思考-ことば」の連関の路線に沿っている――となったのは、ヴィゴツキーの最後の著作〔『思考と言語』=引用者〕である。だがヴィゴツキーは他の諸連関をも研究したのであり、とりわけ、未完の労作『情動に関する学説』は同じ問題への解答のもうひとつの部分であり、感情と知能の総合という単位〔心的体験を指していると思われる=

引用者〕が発生している年齢期心理学の領域における諸著作が、全体的構図のさらにひとつの構成部分である」（Завершнева, Е. Ю., с. 52-53）。（註3）

(3)未発表の「メモ帳」（1932年）によれば、ヴィゴツキーは、意義〔語義〕の背後には、意識を分析するためのより重要な単位である意味が控えている、と指摘している（Завершнева, Е. Ю., с. 53）。（註4）

(4)女史の推察によれば、未発表資料、スピノザの著作の余白への書き込みから、ヴィゴツキーは『情動に関する学説』は第1部の批判的部分につづいて、第2部に取りかかろうとしたと判断できるが、すでに内容的なプランができていたとは判断できない（Завершнева, Е. Ю., с. 54）。（註5）

(5)意義〔語義〕、意味、心的体験の関連について女史はヤロシェフスキーを批判しつつ、次のように立論している――「新しい理論のなかに発生した矛盾は、ヴィゴツキーが2つの分析単位――意義〔語義〕と心的体験――のあいだで揺れていたことに起因していたし、晩年にヴィゴツキーは心的体験の側にますます傾き、年齢期心理学に関する諸著作のなかで心的体験を選択したとはいえ、それらは並存していたと、エム・ゲ・ヤロシェフスキーは書いている。私たちの見解では、そうした観点はまったく正しくない。ヴィゴツキーが『思考と言語』のなかで書いたように、それぞれの具体的事例のなかにその単位が見いだされるべきであり、あるひとつの――たとえそれがきわめて重要なものであるとしても――機能間の連関を分析するための単位たりうるのは意義（と意味）であるのに対して、子どもの発達に関する研究においては、より高次の次元の単位、ヴィゴツキーが『心的体験』と呼んだ統合的形成物が生じるのである。」（Завершнева, Е. Ю., с. 54）。

ところで、問題は意味と心的体験の関係をどのように捉えるかということでした。上記(5)の立論では、ヤロシェフスキーがどこで書いたことかが明記されていませんので、彼の論述の真意は確かめられませんが（註6）、もし女

史が書いているとおりであるとすれば、謎は風車のなかではなくドンキホーテ自身のなかにあるのと同じように、「揺れ」ているのはヤロシェフスキーだとしなければならないでしょう。女史たちの「見解」の方が実証的であろうと思われます。しかし、「意義〔語義〕（と意味）」と「心的体験」との比較というのは、少々判りにくさがありましょう。

「子どもの発達に関する研究においては」と述べられていることから推察されることには、発達的に見れば、意味の一部としての意義〔語義〕や後者に対する前者の優越性という関係は内的言語が成立してからあとの関係であり、心的体験は内的言語の成立以前から存在するという点で、心的体験を意識の単位と捉えることは有利でありましょう。

しかし、問題をさらに煮詰めれば、発達的に内的言語が成立したあと、意識の単位としての意味は、同じく意識の単位としての心的体験と同じものと捉えられるのか、それとも両者には相違があって何らかの関係性を前提とすべきなのか、という問題が残ります。上述の女史の立論は明らかに前者ではありませんが、さりとて関係性が明確に述べられているわけではありません。

5

ここに先生と私の対話の焦点のひとつがありましょう。それは、先生が、ヴィゴツキーの手稿「人間の具体心理学」（Выготский, Л. С., 1929 / 2003）の展開を一足飛びに『思考と言語』最終章の内的言語の意味論に求められていることにも関連してきます。内的言語の意味論が「このまたはあの」人間という個としての人格に根ざすものであり（先生が言われるように類としての人格ではなく）、それは「具体心理学」のテーマの延長であることはその通りだと思います。しかし、ヴィゴツキーの他の諸著作に即して言えば、「具体心理学」のなかの人間ドラマ、思考・情念のヒエラルヒーの衝突・闘争は、その直後に報告された「心理システムについて」（Выготский, Л. С., 1930 / 1982）、「心理学に関する講義」（Выготский, Л. С., 1932 / 1982 // 2000）のなかの心理システム論（現実的思考のヒエラルヒーとしての《思考―想像―情動》、夢想的想像のヒエラルヒーとしての《想像―情動―思考》、発明家の思考のヒ

エラルヒーとしての《想像―思考―情動》）と上記の心的体験の概念とをもたらしたと考えるのが妥当だと思われます。なお、ヴィゴツキーが狭義の人格とした類としての人格論はほとんど年齢期の概念と同じであり、個としての人格論は最終的には心的体験の概念に集約されるというのが私の仮説です。ポリツェルのドラマ概念はどちらかといえば私の「外部」にあって主客を総合したものであるのに対して、ヴィゴツキーの心的体験の概念は私の「内部」にあって主客を総合したものという相違はあるものの、両者はきわめて類縁的なものです（神谷栄司、2007）。

　私が「具体心理学」の展開を上記のように考えたのは、ヴィゴツキーの著作をたどって見えてきたことにほかなりませんが、おそらく先生が私を分析されたように、『思考と言語』をヴィゴツキー理論の到達点とは考えないでおこうという私自身の研究戦略のためでありましょう。30年代にはいって、『高次心理機能の発達史』、「年齢の問題」につづく一連の発達心理学的著作、『情動に関する学説』というどれも未完の大きな手稿を遺し、それ以外にも多方面にわたって死の直前まで精力的に研究をすすめたヴィゴツキーにとって、さらに先があったと考えるのが妥当であろうと推量するからです。

　私の推察に間違いがなければ、先生は『思考と言語』最終章をヴィゴツキーの到達点と考え、その核心である内的言語の意味論を膨らませていくところにヴィゴツキー理論の今後を見ておられます。そこから意味を本質とし、イメージをその存在形態とするという先生の仮説がうまれています（中村和夫、2004）。それは意識の単位とは意味であるという命題に忠実な敷衍化ではありますが、意識の単位を心的体験とした場合にはある程度のズレが生じてきましょう。

　そこで、意味と心的体験の関係性をどう捉えるかという問題ですが、私は言語との連関で見れば心的体験と意味は同じものだとしても、環境と個としての人格の関係という連関からみれば、それは主客の総合であり、心身の関係という関連からすれば心身の総合であると捉えうると考えます。もちろん、これら3つの連関は孤立的にバラバラにあるのではありませんが、すべてを意味に帰着させてしまうと心的体験を分析するときに具体性が失われてしま

うことを危惧します。

ヴィゴツキーが「児童学における環境の問題」のなかで、この心的体験を具体的に分析した事例を紹介してみましょう。

その事例は、飲酒を原因として神経的・心理的変調をきたしているある母親と3人の子どもの家庭についてです。子どもたちはきわめて深刻な状況にあり、母親は酔っ払うと、子どもを窓から突き落とそうとしたり、子どもたちを叩き、床に投げつけたりするのであり、子どもたちは恐ろしい恐怖の状況のなかで生活しています。そうした状況において、子どもたちにも発達の変調が現れてきますが、3人それぞれに現れ方の違いがありました。それはそれぞれの子どもの年齢期の違いに起因しつつも、それだけではなく個としての人格的な特質にも条件づけられていました。

もっとも幼い第1の子どもには神経症的、防御的な兆候が現れ、恐ろしさに圧倒され、夜尿と吃音がおこり、しばしば声を失っています。いわば打ちひしがれ、無援の状態にあったのです。第2の子どもは、いわば苦悩の状態にありました。つまり、母親への対立的な感情的態度、アンビヴァレントな態度という内的紛糾が特徴でした。その子にとって、一方では母親は大きな愛着の対象であり、他方ではあらゆる恐怖の源泉なのでした。第3の子どもは、あまり利発ではなく臆病でさえありましたが、それと同時に、早すぎるほどの成熟さ、真面目さ、配慮深さを顕わにしていました。彼は母親は病気であることを理解し、彼女を哀れんでおり、また、小さい子どもたちが危険な状態にあることも理解していたのです。彼は家族の皆を配慮しなければならない唯一の人でした。その結果、彼の発達は鋭く変化し、この年齢（10〜11歳）にふさわしい生きいきとしたものではなく、生きいきとした興味や能動性をもっていなかったのでした（см. на Выготский, Л. С., 1935 / 2001, с. 73-74）。

ヴィゴツキーはこのような事例を通して、同一の環境が子どもたちに異なる影響を与えており、その相違を心的体験の概念で表そうとします。状況の影響は「プリズム」を通して屈折しているかのようであり、そのプリズムこそ心的体験なのです。

第5章　なぜ文化-歴史的理論なのか　135

そして、ヴィゴツキーは、この文脈においては、環境的モメントと人格的モメントの総合の単位として心的体験を位置づけています。

　心的体験は、一方では、環境つまり心的に体験されるもの——心的体験はたえず人間の外側にあるものに関係する——が分解されない形で表され、他方では、私がこれをいかに心的に体験するかが表される単位である。(Выготский, Л. С., 1935 / 2001, с. 75)
　心的体験のなかにたえずあるものは、人格の諸特質と心的体験において表される状況の諸特質との分かちがたき統一体である。(Выготский, Л. С., 1935 / 2001, с. 76)

　保育実践、教育実践やソーシャル・ワークに必要なのはこのような具体的な分析であり、その分析はまず主客の総合、心身の総合として現われ (註7)、それらを通してはじめて、それぞれの主体のもつ意味が具体的に浮かび上がってくると捉えるべきでありましょう。

6

　このような意味において、先生が追究されている内的言語の意味論は私のヴィゴツキー理解のなかで否定されるどころか保存されています。したがって、意識の核心とするか核心のひとつとするかの違いはあるとはいえ、両者のあいだにあるのは論争ではなく対話なのです。やがて新しい資料が公開され (註8)、またヴィゴツキー研究が進展していったとき、私の理解の一面性が明らかとなるときもあるでしょう（すでに明らかかも知れませんが）。たとえそうであっても、限られた資料と時間のなかで、先生や私が（またそれ以外の方々も）、欧米やロシアを含む他者の解釈にかかわりなく、ヴィゴツキー自身と正面から向き合い、論理と懐疑と想像力を駆使しながら自己の理解を深めようとしてきたことに価値があるのです。そうしたことにもとづく対話こそ学問的な無上の喜びというほかはありません。
　なお、先生の論考のなかでなされている私の考え方への考察のひとつひと

つについて、この書簡では敢えて直接的なコメントをしていません。受け入れられないところも、受け入れられるところもあるのですが、もう少し時間をかけて考えてみたいと思っております。この書簡ではむしろ、その後に考えたことを述べて、先生のご意見を伺いたいと思ったからです。

註

(註1) 本誌編集部から中村和夫氏の論考が届けられ、それへのコメントまたは論文を執筆するように要請された。雑誌の同じ号に掲載された方が良いであろうことや、しかし論文にするには時間的余裕がないことを考慮し、書簡の形式で間接的なコメントを執筆することにした。願わくは、私の書簡が反論のための反論に陥らず、今後、ヴィゴツキーを研究する者の生産的対話のモメントのひとつとなれば、望外の喜びである。

(註2) 残念ながら、『意識の問題』の目次を女史は示していない。

(註3) 女史はこのように、思考研究の深化が3つの経路を通って意識の理論に達すると立論している。3つの経路は神谷の仮説と似ているが、神谷の場合は「人間の心理学」に達するという点、心身問題を位置づけている点で、女史の立論とは違っている。

(註4) メモ帳の内容にもよるが、意識の単位としての意味論が始めて展開されたのは『思考と言語』最終章が書かれた1934年ではなく、1932年ということになる。

(註5) 女史の論考のなかでは、「知能と情動」の関係への言及はあるものの、心身問題は位置づけられていないが、それは『情動に関する学説』第2部が書かれなかったことについて女史が述べるような経緯に関連しているかもしれない。しかし、ヴィゴツキーがスピノザを摂取しながら「知能と情動」の関係を述べるだけであればスピノザの最初の論文『神、人間および人間の幸福に関する短論文』第2部だけで十分となる。最後の著作『エチカ』は感情を思考の様態として捉えるとともに、感情は人間身体の変状およびその観念であるという命題をも提起しており、ここに身体的モメントが認識にも感情にも位置づけられてくる。感情論における『短論文』と『エチカ』

の違いはここにあり、ヴィゴツキーが『エチカ』から心理学的問題を摂取しようとしなかったとは考えにくいので、当然ながら心身問題も重きをなしてくるであろう。

（註6）女史の論考の末尾の文献にはヤロシェフスキー『エリ・エス・ヴィゴツキー──新しい心理学の探求において』サンクト・ペテルブルグ、1993年があげられている。もしこの文献だとしても私は未入手のため、残念ながら確かめられなかった。手元にある英語版のヤロシェフスキー『レフ・ヴィゴツキー』1989年には該当箇所を発見できなかった。

（註7）上記の事例では、第1の子どもに生じた夜尿、吃音、声の喪失という身体的モメントはその子の意識を把握する不可欠の手がかりであろう。

（註8）ヴィゴツキー記念国際研究集会（2006年11月、ロシア国立人文大学）のセッションのひとつに国際ヴィゴツキー学会の結成とその課題について議論する場があった。その場で、サヴェルシネヴァ女史の発表原稿にある未発表資料のことも念頭において、未発表資料を出版またはホームページで公開するように発言しておいた。幸い、ホームページには上記学会の課題のひとつとして「未公開資料の出版」が取り上げられている。手稿を活字にするのは苦労の要る仕事であり、公表はいつの日になるかわからないが、楽しみに待ちたい。なお、上記学会のホームページは次のものである。

http://www.levvygotsky.ru/

文献

神谷栄司　2006a　ヴィゴツキー理論の発展とその時期区分について（Ⅱ）、「社会福祉学部論集」第2号、佛教大学社会福祉学部発行、pp.15-30

神谷栄司　2006b　訳者解説、ヴィゴツキー著（神谷栄司・土井捷三・伊藤美和子・竹内伸宜・西本有逸訳）『情動の理論──心身をめぐるデカルト、スピノザとの対話──』三学出版、pp.374-387

神谷栄司　2007　ヴィゴツキー理論の発展とその時期区分について（Ⅲ）、「社会福祉学部論集」第3号、佛教大学社会福祉学部発行に掲載予定

中村和夫　2004　ヴィゴツキー心理学──「最近接発達の領域」と「内言」の

概念を読み解く――　新読書社

Выготский Л. С. 1929 / 2003 *Конкретная психология человека*, Психология развития человека, М., Смысл-Эксмо, 2003, с. 1020-1038〔人間の具体心理学〕

Выготский Л. С. 1930 / 1982 *О психологических системах*, Л. С. Выготский Собрание сочинений, т. 1, М., Педагогика, 1982〔心理システムについて〕

Выготский Л. С. 1932 / 1982 // 2000, *Лекции по психологии*, Л. С. Выготский Собрание сочинений, т. 2, М., Педагогика, 1982 //（菅田洋一郎・広瀬信雄訳『ヴィゴツキー、子どもの心はつくられる――ヴィゴツキーの心理学講義――』新読書社、2000 年）〔心理学に関する講義〕

Выготский Л. С. 1933 / 1984 // 2002 *Кризис семи лет*, Л. С. Выготский Собрание сочинений, т. 4, М., Педагогика, 1984 //（柴田義松・宮坂琇子・土井捷三・神谷栄司訳『ヴィゴツキー、新・児童心理学講義』新読書社、2002 年、pp.152-166）〔7 歳の危機〕

Выготский Л. С. 1933 / 1984 // 2006 *Учение об эмоциях*, Л. С. Выготский Собрание сочинений, т. 6, М., Педагогика, 1984 //（神谷栄司・土井捷三・伊藤美和子・竹内伸宜・西本有逸訳『ヴィゴツキー、情動の理論――心身をめぐるデカルト、スピノザとの対話――』三学出版、2006 年）〔情動に関する学説〕

Выготский Л. С. 1934 / 1982 // 2001 *Мышление и речь*, Л. С. Выготский Собрание сочинений, т. 2, М., Педагогика, 1982 //（柴田義松訳『ヴィゴツキー、新訳版・思考と言語』新読書社、2001 年）

Выготский Л. С. 1934 / 2001 *Проблема среды в педологии*, Лекции по педологии, Ижевск, Удмуртский университет, 2001, с. 70-91〔児童学における環境の問題〕

Завершнева Е. Ю. 2006 *К вопросу о периодизации научной биографии Л. С. Выготского*, Перспективы развития культурно-исторической теории. Материалы VII Международных чтений памяти Л. С. Выготского,（Отв. Ред. В. Т. Кудрявцев）, Москва, с. 45-56〔エリ・エス・ヴィゴツキーの学術著作史の時期区分の問題によせて〕

〈資料2〉

神谷栄司先生の書簡への感謝と簡単なリプライ
中村和夫（神戸大学　＊2007年当時）

　神谷先生、ご多忙の中、拙論に対し大変重要な問題を投げ返して下さる書簡をありがとうございます。書簡を拝読し、私が自分の掘った穴の中から手を伸ばして神谷先生のアイディアと格闘している間に、当の先生ご自身はすでにそこから一歩も二歩も先に進んでいて、さらにアイディアを広げかつ洗練している、といった思いを抱きました。先生の勢いに、私は自分の穴の中にとどまったままでどこまで先生の議論に絡み合っていけるのか、はなはだ心もとない気持ちでおります。

　その最大の理由は、なんと言っても、神谷パラダイムによる議論の展開が新鮮で、断然面白いからです。神谷先生のヴィゴーツキー理解は、私を含めたこれまでの解釈の円環を包含した上に、さらに大きな円環を描くものなので、発想を広げられ、より多角的に問題の設定と議論ができるところが魅力的なのだと考えます。それだけに論証は苦労の多いものになるでしょうが、その過程はまちがいなく知的興奮と喜びに満ちたものと推察いたします。正直、いっそ自分の穴から神谷パラダイムに釣り上げられてしまいたい、と考えたことも一度や二度ではありません。

　それにもかかわらず、私が、文化-歴史的理論の枠組みでのヴィゴーツキー理解にしばらくはこだわってみようと思うのは、決して自分の立場に自信があるからではなく、自分がこれまでに発表してきたことに対する責任があるからです。私の仕事は、欧米での理解やソビエト・ロシアでのいわゆるヴィゴーツキー＝レオーンチェフ学派の理解とは距離を置いた、ほとんど孤独な作業であったので、そこには、独りよがりの間違いやおかしなところが多々あることは、承知しております。それだけに、自分の書いたものの行き着く先を見届ける義務がある、と考える次第です。その行く末がどのように

なるのかはわかりませんが、どうぞ、今後とも変わらぬご鞭撻をいただければ幸いです。

さて、神谷先生が書簡の中で投げかけておられる「心的体験」についてですが、上記のこだわりに従うとすると、私としては、さしあたっては、言葉の「意味（意義をも包含した）」を意識の単位とすることで、どこまで意識の内容や人格の様態を具体的に説明できるかを問うことの延長線上に、心的体験の概念も捉えていくことになります。

子どもと社会的現実との関係のシステムのことを、ヴィゴーツキーは「発達の社会的状況」と呼んでいますが、この関係のシステムこそは、人格と環境との不可分な統一、つまり心的体験が発達する基礎であり原動力なのだと思います。この心的体験の内実を問えば、社会的なものと個人的なものとの統一、意義と意味の統一、知能と感情の統一としての表象体系が想定できるのではないでしょうか。確かに、ご指摘のとおり、心的体験と言葉の意味とは、突き詰めていけば、微妙にずれていることは否めませんが、子どもは内言が発達する以前にも言葉を駆使しており、その場合、知覚像や記憶像を言葉の意味として表象化（内面化）しています。そこでは、言葉の意味と心的体験とは重なっています。

しかし、言葉以前となると、心的体験としての表象（あるいは原表象とも呼ぶべきもの）は感覚運動的なものであり、身体との直接的な関係が前面に立つでしょう。言葉以前の心的体験ですから、その場合には、心的体験を言葉の意味として把握することはできないことになります。そもそも、文化-歴史的理論が身体との直接的な関係について曖昧なことは、拙論でも指摘したとおりです。この点は、文化-歴史的理論の宿命として、どこまでも付き纏ってくるわけです。とはいえ、言葉以前の心的体験や、あるいは言葉の意味と切り離された心的体験が、ヴィゴーツキー理論の構造の中心に位置づけられているものかどうかは、また別の問題であり、検討を要すると考えています。

以上、はなはだ簡単ではありますが、先生からの書簡への返礼とさせていただきます。私たちの対話が、ヴィゴーツキー研究を志す人たち、とりわけ

若い人たちにとって、その研究の一助となれば、それは望外の喜びとなるでしょう。そんな初夢を見る夢を抱きつつ筆を置くことといたします。

　寒さ厳しき折、どうぞご自愛ください。　　（2007年春）

第6章
ギータ・リヴォーヴナ・ヴィゴーツカヤへの
インタビュー

ヴィゴーツキーの娘のギータ・リヴォーヴナ・ヴィゴーツカヤ（Выгодская Г. Л.）さんは、2010 年 7 月 13 日に天国に旅立たれた。85 年の生涯であった。

　これまで、私（中村）はギータさんとは 4 回お目にかかる機会を得ることができた。初めてお会いしたのは、1993 年 2 ～ 6 月にモスクワに滞在した折に、当時ロシア教育アカデミー心理学研究所の所長であったヴィタリー・ルブツォーフ（Рубцов В. В.）氏の仲介により、心理学研究所の所長室でおよそ 1 時間にわたりインタビュー形式でお話をうかがったときである。

　2 度目は、1994 年 9 月 5 ～ 8 日にモスクワ郊外のガリーチノで開催された「ヴィゴーツキーと現代人間科学」をテーマとした国際会議の折であり、3 度目は 1996 年 9 月 11 ～ 15 日にジュネーブで開催された、ピアジェとヴィゴーツキーの生誕 100 周年を記念する社会−文化的研究のための国際会議のときであった。このときはいずれも挨拶と短い会話を交わす程度の邂逅であった。

　4 度目は 2000 年の 6 ～ 7 月の 2 か月間モスクワに滞在した折に、ご自宅を訪問したときである。このときのモスクワ滞在の目的は、ご家族が保管しているヴィゴーツキー・アーカイブの文献を拝見させていただくことであったが、ギータさんは大きな手術の必要があって長期に入院することを余儀なくされ、私をご自宅に招いてくださったのは退院し、ある程度健康が回復してからであった。

　その日（2000 年 7 月 13 日！）は、午後から夕方にかけてお茶をしながら、まずは、健康の話や世間話、2 年前にお送り（贈り）した私の本『ヴィゴーツキーの発達論』（東京大学出版会、1998 年）——ギータさんに頂いたヴィゴーツキーの写真を表紙のデザインとしていた——などについてお話をした。そのあとに、保管庫から取り出してきてくださったヴィゴーツキーのいくつかの原稿を拝見することができた。見るだけでなく、許可を得て 200 ページほどカメラに収めることができたのは幸いであった。遠く日本から訪れていた私を気遣って、病み上がりでまだ体調が十分でない中（おそらく無理をなさって）、ご自宅に招いて原稿を見せて下さったお気持ちを私は決して忘れることはできない。

インタビューの記録

　インタビューをおこなった日時は1993年3月10日午後1時から2時過ぎまで。場所はロシア教育アカデミー心理学研究所の所長室。
　最初に自己紹介をし、テープを取ることの許しを得、できるだけゆっくりと話して下さるようにお願いした。一見すると、聡明な「普通のおばさん」という感じのギータさんは、心理学の修士であり、ヴィゴーツキー著作集の編集にも携わっておられる。年齢は68歳になるはずだが、ずっと若く見え、父ヴィゴーツキーについて誇らしげに語って下さった。

中村：日本では1960年代の後半には『思考と言葉』『高次心理機能の発達史』『芸術心理学』など、レフ・セミョーノヴィチの著書が翻訳出版されていました。また、1980年代には『心理学の危機の歴史的意味』『行動史試論』なども翻訳されています。その他にも、子どもの遊びの問題、欠陥学、情動理論などに関する少なからぬ論文が翻訳されています。それゆえ、レフ・セミョーノヴィチの名前とその仕事の基本的内容については、日本でも以前から比較的よく知られています。しかし、日本でのアメリカ心理学の隆盛と比較すれば、残念ながら、ソビエト心理学やロシア心理学に関心を持つ心理学者は、わが国ではとても少なかったし、今でも少ないのです。レフ・セミョーノヴィチの思想が、日本の心理学に浸透し具体化されているとは言えません。
　　私の見解では、レフ・セミョーノヴィチは、マルクス主義を科学的心理学の構築のための最も有効な方法論の一つだと考えていましたが、決してそれを絶対化はしませんでした。つまり、彼は、科学には多様な可能性があることを、よく理解していたのです。この意

味で、レフ・セミョーノヴィチの思想は、多面的な発達への大きな可能性と深い内容を持っています。

　スターリン主義の抑圧が去り、全体主義の政治体制が崩壊した今日、彼の思想の自由な研究が可能になりました。私は、このことはロシアだけでなく、世界における科学的心理学の構築に必ずや貢献すると信じています。レフ・セミョーノヴィチの文化‐歴史的観点が、アメリカの認知心理学に与えている影響は、その一つの証明だと思います。コール（Cole, M.）やワーチ（Wertsch, J. V.）などの仕事によって、日本でも今日、レフ・セミョーノヴィチの思想が再び注目されています。彼の理論に関心を抱いている私たちにとって、このことは歓迎すべきことだと思っています。

　さて、レフ・セミョーノヴィチの履歴については、レーヴィチン（Левитин К.）やその他の人々の仕事によって、比較的よく知られていますので、ここでは、あなたの父親についてのあなたの個人的な印象について、お聞きしたいと思います。

＊ここでいうレーヴィチンの仕事とは、ЛИЧНОСТЬЮ НЕ РОЖДАЮТСЯ. Творческие портреты советских педагогов-психологов. Изд-во Прогресс, 1983.（柴田義松監訳『ヴィゴツキー学派――ソビエト心理学の成立と発展――』ナウカ、1984年）のことをさしている。ヴィゴーツキーの子ども時代、少年・青年時代について日本語で知ることができるという点ではとても貴重な文献と言える。

ギータ：レーヴィチンの仕事は、それほど厳密なものではありません。
中村：えっ、そうなのですか。……ああ、彼はジャーナリストですからね。
ギータ：そう、ジャーナリストです。彼のことも、彼の仕事もよく知っています。
中村：ジャーナリストの仕事ということで、不正確なのですか。
ギータ：いいえ、あまり厳密な仕事ではないということです。ジャーナリス

　　　　ティクな仕事ですから、どうしたこうしたという点ではよいのですが、そこには本当の深さや真剣なまじめさがないのです。ですから、彼の仕事を過大に評価しないようにして下さい。私は〔父について〕とても大きな本を書きました。
中村：ええ、聞きおよんでいます。
ギータ：でも、おそらくわが国の紙不足のせいだと思いますが、1年半もそのままです。大きな本で、そこで初めて学問的な全生涯を詳しく見ることができます。さらに同僚たちや私の回想、個々の仕事についてなど〔書かれています〕。本は25リスト（25×16ページ、つまり400ページ）のとても大きなもので、記録の写真復刻、父の写真、文書類などがたくさん収められていて、とても綿密なものです。おそらく、あなたにとって興味深いものになるでしょう。

　　　　＊ここで言及されている大きな本は、1996年に無事出版された。Выгодская Г. Л., Лифанова Т. М. ЛЕВ СЕМЕНОВИЧ ВЫГОТСКИЙ. ЖИЗНЬ ДЕЯТЕЛЬНОСТЬ ШТРИХИ К ПОРТРЕТУ. Изд-во Смысл, М. 1996.

中村：レフ・セミョーノヴィチが亡くなったとき（1934年6月11日）、あなたはお幾つでしたか。
ギータ：9歳です。私の誕生日に状態が悪化し、〔病院に〕運ばれました。その日はちょうど私の誕生日で、おばあさんの焼いてくれたパイがあり、子どもたちのお客がきていました。父は起き上がることはできず、31日間寝込んで亡くなりました。
中村：レフ・セミョーノヴィチは家ではどんな父親でしたか。
ギータ：とても思いやりのある父親でした。並外れた細心さで私たちに接していました。子どもは二人で、私と5歳年下の妹でしたが、彼女は亡くなりました。私たちと一緒に父の甥——私より2歳年長の従兄弟——が住んでいました。いつも三人一緒で育ちましたが、従兄弟

は戦死し、妹は亡くなり、ご質問に答えることのできるのは私一人だけです。

　父はとても細心の注意を払って私たちに接していました。私たちにとても関心を示し、私たちの興味を支援してくれました。どんなことがあったかお話ししましょう。父は私たちの発達をとても援助してくれましたが、父が容認しないことがらもありました。すべてが許されたというわけではありません。

　たとえば、中庭で私が年上の子どもたちに仲間はずれにされたときでさえ、父は決して私をかばうことはせず、「自分で交渉しなさい。それができなければ、脇にのいていなさい」と言いました。父は私と子どもたちの関係に決して介入しませんでした。父は、私が子どもたちとケンカをすべきでないし、他の子どもたちがケンカをしている場にさえ加わるべきでないと考えていました。私はその場から逃げ出さねばなりません。母にも、私は無関係などんな些細ないざこざでもケンカの場に加わるべきでない、と話していました。

　遊びについてはこんなことがありましたので、お話ししましょう。私は小さい頃、医者になりたいと思っていました。私と従兄弟は人形を治療したりして、お医者ごっこをして遊びました。でも当時のモスクワでは玩具がとても少なく、玩具で遊ぶことは困難でした。それで私たちは木片や鉛筆の芯など、どんなものでも遊びました。

　この時期、レフ・セミョーノヴィチは心理学の教授でしたが、医大の学生にもなっていました。父は聴診器を贈られていましたが、私たちが遊んでいる様子を見て、私たちが遊べるようにと、その聴診器を貸してくれたのです。私はとても喜んで、本物の注射器も必要だと言いました。父は注射器を持っていましたが、私に与えることはできなかったのです。なぜなら、父の母が病気でしたので、気分がすぐれないときには、父が注射をして助けてあげねばならな

かったからです。父は私に言いました。「君にあげることはできない。おばあちゃんを助けるのに注射器は必要だからね。でも、君に約束しよう。注射器を手に入れてあげるよ」と。

　数か月後のある晩に、父は「君に持ってきたものがある。この箱だが見せてあげよう」と言いながら、小さな箱を取り出しました。その箱は玩具と比べると並外れて美しく、私には手を触れるのさえはばかられるほどでした。父は箱を開けました。そこには、深紅色の裏地に包まれて、すばらしいドイツ製の注射器がありました。本物の針に、針を清潔に保つカバーさえありました。私は心を奪われました。「君に約束したね。これは君のものだよ。遊んでいいんだよ」と父は言いました。

　それから30年後、父はもう亡くなり、私は成人して娘がいました。ある日、ひとりの女性——父と一緒に仕事をしていた同僚の医者——が、私に家に来るように言いました。彼女はすでに年を取っていたので、私に本を返したかったのです。本を返してもらったあと、話題が父のことになりました。彼女は私に「あなたはお父さんがどれほどあなたのことを愛していたかを話題にしないが、昔、私はその気ではなかったのですが、あなたに注射器をあげたことがあるのですよ」と言いました。今も私はその注射器を持っていますので、とても興味がありました。「ぜひお話しして下さい。どういうことだったのですか」。それで彼女は次のような話をしてくれました。

　昔、レフ・セミョーノヴィチは同僚たちに、「誰か注射器を持っていないでしょうか。私には必要なのです」と尋ね回っていました。ちょうど彼女は、ドイツから立派な医者用の注射器を手に入れたところでした。父のものは金属製の不細工な普通の注射器でしたが、彼女のものはすばらしいものでした。彼女は「私は持っていま

すので、喜んであなたに差し上げますよ」と言いました。父ははにかんだように、「私ではなく、ギータに必要なのです」と言いました。「ギータにあげるつもりはありません。ギータがあなたに頼んだからといって、彼女の気まぐれを黙認してはいけません。子どもが望んだからといって、何でもしてあげてはいけません」と、彼女はレフ・セミョーノヴィチに言いました。レフ・セミョーノヴィチは沈黙をし、それから言いました。「もし、子どもが医者になることを望んでいるのならば、注射器を欲しいと願うことは気まぐれではありません。それはもっともな願いですよ」と。さらに父は「遊びは、この年齢の子どもには、たとえどんな遊びでも、あらゆる可能な方法で支持してあげざるを得ないほど重要な意味を持っているのです」と言いました。そして最後に、「もしかしたら、私には、今を除いてはギータを喜ばすことはできないかもしれないのです」と言いました。そこで彼女は「まあ仕方ありませんね。ほら注射器ですよ」と言い、私にくれたというわけだったのです。

　父にはあまり自由時間がなかったのですが、それでも自由時間には努めて……。父は私たちを遠ざけようとはしませんでした。父が机のところで仕事をしていて、そこに子どもたちが来て遊ぶことは許されていました。さらに、父は私たちを連れて（歩いて、また乗り物で）どこかへ行ったりもしました。

　また、私たちは父の被験者でもありました。たくさんの方法を父は家で私たちにやってみました。ケーラー（Köhler, W.）の実験について、私はよく覚えています。私と従兄弟のレオニードに対して、父は床に迷路を作り、その真ん中にミカンを置きました。私たちは、このミカンを迷路に沿って導き出さねばなりません。もしミカンを導き出すことができたときには、それを食べてよかったのです。

　それだけではありません。このたび発見されたノートブックの中

に次のような記録メモがあります。私の妹に対して、どのように描画過程が進行していくのか、言葉によって描画過程がどのように誘導されるのか、描画の始めから終わりまでの間に言葉がどのように次第に変化していくのか、を観察した記録です。妹の名前はアーシャといい、2歳でした。それでこのメモは『アーシャの観察』と名づけられています。

　こうして父は、個々の観察や特別に設定した実験や私たちのおもしろい発話など、これらすべてを必ず記録し、考察していたのです。父は私たちを実験することに興味があったのですが、私たちは実験がとてもおもしろくて、それが父にとって必要なことなのだ、などとは考えもしませんでした。ただ、すべて私たちのために一緒に遊んでくれているのだと思っていました。そんなわけで、私の先生のザポロージェツ（Запорожец А. В.）は私に言ったものです。「児童心理学の半分はあなたによって打ち立てられている。あなたは功労金を受け取るべきだ」と。(笑い)

中村：レフ・セミョーノヴィチはいつでも心理学者だったのですね。

ギータ：まったくその通りです。父はいつでも、子どもたちと一緒にいるときでさえ、学問に従事していました。

中村：スターリン時代には、レフ・セミョーノヴィチの思想も禁じられたわけですが、当時、あなた方ご家族の生活はいかがでしたか。困難はありましたか。

ギータ：はい、ありました。生活状態は困難で、複雑でした。本は出版されませんでした。母ひとりが働いていました。私たち二人〔の子ども〕はどうにかしてでも勉強しなければなりませんでした。私は覚えていますが、戦時中「ブリタンスキー・ソユーズニク（イギリスの同盟者）」という雑誌を、ここでイギリス人たちがロシア語で出版していました。そこには、イギリスとロシアでの関心事についての論文

が掲載されていましたが、その中で、この一年、アメリカとイギリスでヴィゴーツキーの思想が広く活用されている、ということが述べられていたのです。私は、母が、この論文が誰の目にも触れないようにと心配していたのを覚えています。私たちに何か複雑なことが生じたりするといけないからです。でも、母は何とか逮捕されずにすみました。彼女はただの教師であり、子どもの教育の仕事をしていただけですから。

　しかし、小さな直接的な抑圧はたくさんありました。本の出版は停止されていましたし、名前も封鎖されていました。自分の家に父の肖像写真を持っているのにも、一定の勇気が必要でした。ルーリヤ（Лурия А. Р.）は、家に父の肖像写真をいつも飾っていましたが、それはとても勇気のいることでした。

中村：あなたの父親が世界に名の知られた優れた心理学者だったということを、いつ頃知りましたか。そのとき、どんなお気持ちでしたか。

ギータ：私にとっては、父はいつでも優れていました。ですから、私にとっては何も変化することはありませんでした。私には、結局、他の人々が父を優れていると理解していたことがわかっただけです。私には、何が優れた学者なのかわかりませんでしたが、ただ、父はあらゆる点で優れていると思われました。私には、他の人々も父のことを優れていると見ていることがうれしかったのです。私の意識には、特別に何の変化もありませんでした。

　というのも、ここではすべてが困難だったからです。名前が一掃されていましたので、出版してもよいといわれたものでも、その〔名前なしの〕条件では、出版できないことと同じでした。一例を挙げましょう。1966年にレフ・セミョーノヴィチの生誕70年が祝われました。父の著作集の出版が決められました。1966年に第1巻が出され、1982年に第2巻が出されました。つまり、16年が

経過しているのです。いつも何らかの障害があったのです。いつもです。

　父が児童学に従事していたということ、父が児童学の講座を管理していたということ、父が自分の論文を児童学の雑誌に掲載したということ、父にそのタイトルが「児童学」という用語で公表された著作——たとえば、「少年の児童学」「困難児の児童学」「困難児の児童学的臨床の発達診断学」など——があること、これらのことは何年もの間、最後まで許されなかったのです。ルーリヤと他の弟子たちによって、「ヴィゴーツキーにあっては、児童学という用語は、常に心理学という一語に置き換えられねばならない。なぜならば、彼は児童学によって、当時は子どもの心理科学の特別の部門としては形成されていなかった児童心理学を発展させたからである」ということが、証明されていたにもかかわらずです。

　公式的な児童学に含まれていた内容に関していえば、それは純粋なテスト調査、ただテストをおこなうだけでした。父はこの点に大いに反対したのです。「困難児の児童学的臨床の発達診断学」を読めば、そこでは父は、この点で児童学者たちを強力に批判しています。父は、テストに基づいてはIQを決定することはできない、なぜならば、この数値はまったく様々な事がらから形成されうるからだ、と考えていました。父は、テストは子どもを検査する方法の一つとしてのみ正当であるが、唯一絶対のものではないと考えていました。その上、父は、結果を支持していませんでした。私のところには父の著作からの抜き書き——「キログラムとキロメートルを合計しても、子どもの真の発達について何の理解も与えられない」——があります。

　とにもかくにも、最後までとても長くかかったのです。すべての本の禁止が解除され、6巻著作集を公刊できたときでさえ、禁止が

解除されなかった教育心理学に関する本が一つあったのです。それはつい最近出版されたばかりです。『教育心理学』——これは1926年の著作で、父が世に問うた最初の著作でした。もし、お持ちでなければお贈りしますよ。

中村：昨年出版された本ですね。

ギータ：そうです。お持ちですか。

中村：はい。

ギータ：ああ、お持ちですか。もしお持ちでなければ差し上げたのですが……。

中村：え、いや、持っていません。今、ここ（モスクワ）では持っていません。

ギータ：わかりました（笑い）。教育心理学を講じているあなたには、この本はおそらく興味深いでしょう。この本は、父の最初に公刊された本でした。ゴーメリにいたときに父は講座を担当し、自分で準備をし、この本を書いたのです。しかし、ここモスクワでは、それは出版されませんでした。

　父は、モスクワでは、この研究所の建物の地下室に住んでいたのです。ご存じですか。

中村：ええ、何かで読んだことがあります。ここで、彼は民族学に興味を持ったそうですね。

　　＊ヴィゴーツキーの最初の住居となった研究所の地下室には哲学部門の古い資料・文献が保管されており、その中に民族心理学に関する報告書も含まれていた。

ギータ：父は1924年2月1日にここに越してきました。ここには1925年の秋まで住んでいました。1925年の秋には私も来ました。別のアパートに部屋を得て、そこへ移りました。1年半ほどこの研究所

154

に住んだことになります。

中村：外国では、レフ・セミョーノヴィチは、基本的には認知心理学者として知られています。私の見解では、レフ・セミョーノヴィチの思想は認知心理学の範囲を越えていると思われます。彼の主たる関心は、人間の本性は真・善・美の統一にあるという思想を解明することだったと思いますが、この点について、あなたはどう思われますか。

ギータ：なかなか答えるのが難しいですね。私の見解は次のようです。常に父の興味の中心にあったのは、発達の問題です。個々の子どもの発達、正常児の発達や病理学です。何よりも前面にあるのは、思考、言葉、概念についての問題です。父はいたるところで、これらの諸過程を発達の見地から検討しています。とはいえ、何が中心問題かを言うとすれば、心理学10年の全生涯の中で父の興味を引いていた一つの中心問題、それはひたすら発達の問題であると私は思います。おそらく、それが他のすべてを貫いていた中心的な問題です。発達の問題を媒介にして、父は個々の問題を解決したのです。私はそのように思います。

中村：しかし、彼の頭の中には、たくさんの計画があったのではないですか。

ギータ：そうです、そうです。

中村：彼が若い頃……。

ギータ：父はいつでも若かった。若いときに死んだのですからね……（笑い）。わかります。ギムナジウムの学生の頃ですね。

中村：彼は詩や芸術作品について、たくさんの小論を書いていますね。

ギータ：それは父が大学生の頃です。大学生のときに『ハムレット』についての最初の本格的な研究論文を書いています。それは父の卒業論文です。学生時代にはそれ以外に、演劇についても書いています。2

〜3年前に私は、演劇についての父の論文を見つけました。それは1917年2月に書かれたもので、ほぼ卒業の1年前です。父は1917年12月に大学を卒業していますから。私のところには、父がそれで帰省した休暇切符があります。

　演劇についての覚え書は、雑誌『年代記』の中にあります。この雑誌の中に、私はたくさんの覚え書と学生たちの名前を見つけることができました。

＊『年代記』は、マクシム・ゴーリキー（Горький М.）によって創刊された進歩的な文学、科学、政治をテーマとした月刊雑誌で、1915〜1917年の間ペトログラード（現サンクトペテルブルグ）で発行された。モスクワ大学の学生だったヴィゴーツキーは、この雑誌の書評欄に投稿していた。

ギータ：その後、さらにたくさんの論文——一人の若者がベラルーシで書いた『ヴィゴーツキー演劇批評』とでも呼ぶべき——を見つけることができました。父の演劇批評論文はゴーメリで書かれました。父は大学を終えたとき、ゴーメリに帰ってきました。1922〜1923年の間に、父はそこでとてもたくさん書き、発表したのです。私たちは60篇以上を見つけることができました。父の初期の知られていない小さな覚え書——長さは色々ですが——で、文学研究と演劇研究です。演劇と文学は、ギムナジウム時代から死ぬ間際までの父の二大情熱だったのです。演劇と文学です。

　しかし、この『芸術心理学』の本以降には、父は公式に芸術心理学なるものに従事しませんでした。1931〜1932年に俳優の創造の心理学についての論文がありますが、これは父がカーメルヌイ劇場での創造心理学講座を担当したものです。そこには有名な演出家のエイゼンシュテーイン（Эйзенштейн С. М.）がいました。エイゼンシュテーインは、ヴィゴーツキーと映画言語の問題について議論

したことを書いています。エイゼンシュテーインのようなとても偉大な演出家が父の意見に関心を持ち、カーメルヌイ劇場での父の講座はタイーロフ（Таиров А. Я.）の興味を引いたのです。その後、不幸なスターリン時代でした……。

＊セルゲーイ・ミハイーロヴィチ・エイゼンシュテーイン（1898-1948）は映画監督、映画理論家。代表作「戦艦ポチョムキン」（1925年）は日本でもたびたび上映され、よく知られている。

＊アレクサーンドル・ヤーコブレヴィチ・タイーロフ（1885-1950）は俳優で舞台監督。モスクワのカーメルヌイ劇場は1914年にタイーロフによって創立された。

ギータ：とても興味深いウクライナの演出家で、クールバス（Курбас Л.）という人がいます。

＊レーシ・クールバス（1887-1937）はウクライナの舞台監督、俳優、劇作家、演劇理論家。本名はアレクサーンドル–ゼノン・ステパーノヴィチ・クールバス。

中村：私は知りませんが……。

ギータ：ええ、私たちもみんな知らなかったのです。私がクールバスについて知ったのは、私の先生のザポロージェツが、かつてクールバスのところの俳優だったからです。クールバスにも覚え書があり、そこには、彼がヴィゴーツキーと5〜6時間話をしたこと、彼はヴィゴーツキーが俳優の任務や舞台創造についてとても正しく理解しているのに感動したこと、が書かれています。クールバスは本当にとても感動しているのです。それゆえ、これもとても興味深いことですね。

＊ザポロージェツは子ども時代〜青春期にウクライナのキエフで過ごしており、そこで1920年代に演劇に興味を持ち、クールバスの主催する俳優養成所に参加していた。

第6章　ギータ・リヴォーヴナ・ヴィゴーツカヤへのインタビュー

ギータ：父は、モスクワでの関心ある芝居はどの一つも見逃しませんでした。30年に歌舞伎がやってきたとき、父がその芝居に行ったことを私はよく覚えています。そのことをいつも家で聞かされていましたから。父は興味のある芝居はすべて見るように努めました。父にとっては、それが不可欠だったのです。

　＊「30年に歌舞伎がやってきたとき」と語られているが、おそらく1928年の記憶違いではないかと思われる。日露演劇交流史年表（日露演劇会議編）によると、1928年8月に2代目左團次がモスクワおよびレニングラード（現サンクトペテルブルグ）で歌舞伎の公演をおこなっている。このときに、エイゼンシュテーインもモスクワ公演を見ている。これが初の本格歌舞伎海外公演とされている。なお、1930年にはパリで筒井徳二郎一座の歌舞伎がおこなわれ、前衛舞台演出家で俳優のメイエルホリド（Мейерхольд В. Э.）がそれを見たという。

ギータ：ご存じのように、父はその生涯はとても短いのに、たくさんのことをしました。それで父のことをわがままな人と思われるかもしれませんが、それは違います。父はとても感情の豊かな人でした。すべてのことに興味を持っていました。書斎に閉じこもっているだけの学者とは違いました。父にとっては、本当にすべてがおもしろかったのです。それゆえ、父はとても感情豊かな人だったのです。特に芸術——造形芸術、演劇芸術、文学、詩——は父の情熱でした。それらに、父は自分の自由時間を捧げていました。

中村：最後にお願いです。レフ・セミョーノヴィチの理論に関心を持っている日本の心理学者たちに、何かひと言をお願いします。

ギータ：このすばらしい国——私にとってはちょっとしたおとぎ話の国——で、人々が私の父の仕事に注目して下さっていたことは、とても嬉しく光栄なことです。この困難な、しかし興味深い道に足を踏み入れた皆様のご成功——学問上の、また私生活上のご成功——とご多

幸をお祈りしております。
中村：どうもありがとうございました。

付記
　ほぼすべての内容を訳出してあるが、会話文ということで、繰り返しや話題の跳躍があったり、途中で途切れたりした部分もあった。それらは適宜に省いたり、入れ替えたりしている。また、友人のベロニカ・ソローキナ（Сорокина В. В.）さんには、テープを聞いていただき、私には聞き取れない部分を書き出してもらった。彼女の援助がなければ、とても私だけの力では訳すことはできなかったであろう。記して感謝する。
　なお、このインタビューの記録は、かつて「人間発達研究所通信」Vol.19（1）、2003年6月発行に掲載していただく機会があった。今回は、そのときのものに、訳語の若干の手直しと必要な註を加えるという補足をおこなっている。

あとがき

　「まえがき」にも書いたように、本書は、ヴィゴーツキー理論の最もヴィゴーツキー理論らしい本質部分について浮き彫りにしたものである。とは言っても、書き終わってみれば、何かこれまでとは違った特別な新発見がもたらされたわけでもない。これまでにも折に触れて私が主張してきたことが、いくつかの新しい論述を含めてあらためて論じられているにすぎない。それでもあえて本書の特徴を言えば、これまで以上に、ヴィゴーツキー理論の本筋がストレートに示されていることではないかと思われる。実際、枝葉の記述は省略し、できるかぎり理論の根幹を描くことに努めたつもりである。このような特徴を示唆する意味で、本書のメインタイトルを『ヴィゴーツキー理論の神髄』としたわけである。

　本書を構成する各章は、第1章〜第4章については本書のために新たに書き下ろしたものである。第5章と第6章はすでに別のところで発表する機会があったものである。そのことは本文中にも注記したが、ここでもその初出について示しておくことにしよう。

第5章　ヴィゴーツキーの文化-歴史的理論の理解の拡張について
　　　　心理科学、第27巻第1号、2007年3月
第6章　ギータ・リヴォーヴナ・ヴィゴーツカヤ（Г. Л. Выгодская）へのインタヴュー
　　　　人間発達研究所通信、Vol.19（1）、2003年6月

　さて、本書の第5章として再録した論文について、神谷栄司先生（京都橘大学教授）が当時寄せて下さった「書簡」の本書への再録を快く承諾して下さったことに、ここであらためて感謝を申し上げたい。そのおかげで、

第 5 章での議論の輪郭がよりはっきりとしたものになった。本書を読まれて、そこでの「論争的」対話に興味を持たれた読者の方には、そこで名前を挙げた神谷先生の本（や私の本）をぜひ手に取ってみてほしい。初めてヴィゴーツキー理論を学ぶという方には難しいところも多いと思われるが、それでも確かに理論研究の面白さに触れることができるだろう。それは、そこにヴィゴーツキー理論そのものの面白さが映し出されているからに違いない。

　本書の出版にあたっては、福村出版の宮下基幸さんと天野里美さんに大変お世話になった。企画や編集において私の無理な申し出にも快く応じてくださった。本書が日の目を見ることができたのは、ひとえにお二人のおかげである。ここに記して感謝の意を表したい。

2014 年 2 月
中村和夫

人名索引

あ行

ヴィゴーツカヤ（Выгодская Г. Л.）144
ウィルソン（Wilson, S. A.） 52, 112
上原 泉 123
エイゼンシュテーイン（Эйзенштейн С. М.） 156, 157
エンゲルス（Engels, F.） 18, 31, 40, 104

か行

ガイガー（Geiger, M.） 56
神谷栄司 58, 59, 61, 63, 90-102, 105-108, 113-115, 117-122, 127, 129, 134, 137, 140, 141
キャノン（Cannon, W. B.） 51, 52, 55, 61, 112
クールバス（Курбас Л.） 157
ケーラー（Köhler, W.） 103, 150
國分功一郎 61
ゴーリキー（Горький М.） 156
コール（Cole, M.） 146

さ行

左團次（2代目） 158
ザポロージェツ（Запорожец А. В.） 151, 157
シェーラー（Scheler, M.） 56
シェリントン（Sherrington, Ch. S.） 51, 112
柴田義松 92
シュプランガー（Spranger, E.） 56
スタニスラーフスキー（Станиславский К. С.） 75, 87
スピノザ（Spinoza, B. de） 46, 51, 56-65, 90, 113, 115, 122, 128-130, 132, 137
ソローキナ（Сорокина В. В.） 159

た行

タイーロフ（Таиров А. Я.） 157
ダナ（Dana, Ch.） 52, 112
月本 洋 123
筒井徳二郎 158
ディルタイ（Dilthey, W.） 56
デカルト（Descartes, R.） 13, 46, 51, 53-57, 59, 60, 62, 65, 112, 128

な行

中村和夫 39, 91, 92, 100-102, 104, 105, 108, 116, 119, 120, 122, 124, 127, 134, 137, 140, 144

は行

バフチーン（Бахтин М. М.） 121
ピアジェ（Piaget, J.） 32, 35-37, 144
フィッシャー（Fisher, K.） 59
フェンダー（Phender, A.） 56
ブリダン（Buridan, J.） 12, 13, 15
ブレンターノ（Brentano, F.） 56
ブロンフェンブレンナー（Bronfenbrenner, U.） 25
ヘーゲル（Hegel, G. W. F.） 18
ヘッド（Head, H.） 52, 112
ポーラン（Paulhan, F.） 21, 22
ポリツェル（Politzer, G.） 119, 134

ま行

マラノン（Maranon, G） 51, 112

マルクス（Marx, K. H.） 28-31, 40, 41, 145
ミュンスターバーグ（Münsterberg, H.） 56
メイエルホリド（Мейерхольд В. Э.） 158

ら行

ルビンシュテーイン（Рубинштейн С. Л.） 29, 30
ルブツォーフ（Рубцов В. В.） 144

ルーリヤ（Лурия А. Р.） 35, 36, 152, 153
レーヴィチン（Левитин К.） 146
レオーンチェフ・ア・ア（Леонтьев А. А.） 99, 100, 102, 106-108
レオーンチェフ・ア・エヌ（Леонтьев А. Н.） 29, 30, 39, 140

わ行

ワーチ（Wertsch, J. V.） 146

事項索引

あ行

アイデンティティの問題 20
遊び 35, 36, 97, 117, 119, 145, 148, 150
意識と活動の統一 29, 30
意識の自覚性・随意性 16
意識の内容（思想） 20-22, 24, 72, 75, 84, 85, 141
意識論 86, 103, 109
意志の自由 10-14, 18
意志の発達 14, 109
意味結合的な体系としての言葉 35
「意味」の作用 83-85
意味のシステム 24, 48, 49, 73, 84-87, 104, 105
意味論的単位の膠着 83
運動する空気層の呪い 40, 41, 117, 124
「A―X―B」という三項図 109

か行

概念的思考 12, 16-18, 20, 70, 71, 86, 111, 116
カエサルのものはカエサルに、神のものは神に 54, 56
科学的概念 17-20, 42, 71, 97, 104, 105
仮想的身体運動 123, 124
活動理論 28-30, 39, 41, 107, 108, 122
歌舞伎 158
カーメルヌイ劇場 156, 157
間主観的な意味 23-25
感情（情動）の文化的発達 47, 49, 116
感情（情動）の歴史的発達 64
観念論 39
機械論的解釈（機械論的原理） 12, 13, 53, 54
記号 10, 13, 14, 28, 34-36, 39, 42, 101, 104, 109, 110, 115, 116, 118, 120, 122, 129
記述心理学 53-57, 107, 112, 113
機能間の関係や結合 31, 50

機能的システム　31, 33, 63
くじ　13, 14
具体的心理学　21, 63, 94, 98-100, 104, 106, 108, 118, 119
経験の二重性　38, 42
言語的思考　12, 15-17, 21, 70-75, 78, 84-86, 96, 129
高次心理機能　10, 12, 14, 17, 20, 28, 31-34, 39-41, 46, 49, 70, 71, 91, 104, 109, 110, 113, 115, 116, 118
行動の自己決定　13-15, 109
言葉と活動との関係　31, 32, 38
言葉と思想の不一致　75
言葉による媒介　3
言葉の意義　23, 80-82, 84
言葉の意味　15-17, 21-24, 70-72, 75, 78, 80, 82, 83, 85, 123, 124, 141
言葉の「意味」　81-83, 85
言葉の外面的な様相的側面　72-75, 77
言葉の内面的な意味的側面　73-75, 78, 84
混同心性的な段階　35

さ行

算数の概念　19
ジェームズ＝ランゲ理論　52, 55, 61, 112
自覚性　16, 17, 20, 105, 116
自覚的な内面（意識）　18
思考と動機の統一　87
自己中心的言語　35-37
視床理論　52, 55, 61, 112
思想と言葉の関係　72
実践結合的な体系としての言葉　35
児童学　62, 71, 93, 95, 103, 104, 110, 111, 129, 135, 153
主知主義　46, 47, 85, 109

情動に関する学説　46, 51, 58, 62, 94, 96-98, 101, 105, 112, 114-116, 118, 119, 121, 124, 128, 131, 132, 134, 137
人格の発達　86, 97, 102, 109, 111
心身一元論　59, 61, 94, 98, 101, 105, 113-115, 117-122, 124
心身二元論　13, 53, 112
「身体＝記号」論　122
《身体―言語―心理》というパラダイム　96-98, 113
心理学的唯物論　28, 29, 38-40, 103
心理システム　33, 63, 98, 133
随意性　11, 16, 17, 20, 35, 105, 116
失語症患者　11
習得の過程　42
身体運動意味論　121-124
スターリン主義（スターリン時代）　146, 151, 157
生活的概念　16, 71, 97
精神論的解釈（精神論的原理）　13
生態学的環境　25
説明心理学　53-58, 112, 113
選択行動　15
想像　90, 93, 104, 117, 119, 120, 123, 124, 133, 134
ソビエト心理学　28, 30, 145, 146

た行

対象化の過程　42
代数の概念　19, 20
単位の思想　47, 49, 63
知性と感情のシステム　47, 50, 59
知性と感情の統一　21, 46, 48-50, 82, 84-88
知的過程と感情過程の統一　49, 87
同一性の原則　61, 62

動機　47-49, 86, 87
ドラマとしての心理学　119

な行

内言　15, 24, 35, 37, 66, 69, 73, 78-80, 82-88, 93, 102, 104, 105, 108, 116, 118-120, 124, 140
内言の意味（論）　24, 66, 73, 78-80, 82-88, 102, 104, 106, 108, 116, 119, 120, 124
内言の意味のシステム　84, 104, 105
内言の述語主義　79
人間の感情（情動）の心理学　52, 53, 55, 57, 58, 61, 65, 112, 115, 121
人間の心理学　53, 57, 96-98, 101, 105, 113-115, 117-119, 121, 137
『年代記』　156
脳の非侵襲計測　123

は行

はじめに言葉ありき　32, 34
はじめには活動ありき　30, 32
発達の社会的状況　24, 25, 113, 141
話し言葉における述語主義　76, 77, 79
反射学　12, 39, 40, 91, 92, 98, 102, 103
必然性の理解（洞察）　18
複合的思考　16, 17, 70
「ブリタンスキー・ソユーズニク（イギリスの同盟者）」　151
ブリダンの驢馬　12, 13, 15
文化的発達　34, 47, 49, 50, 93, 94, 96, 98, 103, 104, 109, 110, 114, 116, 118, 119
文化−歴史的理論　41, 46, 47, 49, 50, 59, 65, 72, 73, 85, 86, 90-98, 100-111, 114-122, 124, 127, 140, 141
文化−歴史的理論の相対化　94, 101, 118, 121
分析単位　15, 21, 48, 70, 78, 85, 132
弁証法的唯物論　28
ポドテクスト　75, 87

や行

唯心論　13, 53-57, 113
唯物論　28, 29, 38-41, 56-58, 102, 103, 113, 115, 117

ら行

労働　29-34, 38, 39, 41, 42, 104

著者略歴

中村　和夫（なかむら　かずお）
1948年、東京に生まれる。1971年、東京大学教育学部教育心理学科卒業。1976年、東京大学大学院教育学研究科（教育心理学専攻）博士課程中退。愛媛大学、東京水産大学（現東京海洋大学）、神戸大学での勤務を経て、現在は京都橘大学教授。専門は発達心理学、教育心理学。博士（教育学）。

主な著書・訳書
『ヴィゴーツキーの発達論——文化-歴史的理論の形成と展開——』（東京大学出版会、1998年）
『ヴィゴーツキー心理学 完全読本——「最近接発達の領域」と「内言」の概念を読み解く——』（新読書社、2004年）
『ヴィゴーツキーに学ぶ 子どもの想像と人格の発達』（福村出版、2010年）
『小学生の生活とこころの発達』（分担執筆、福村出版、2009年）
ヴィゴツキー著『思春期の心理学』（共訳、新読書社、2004年）
ソローキナ著『小学生の心のトラブル——描画投影法による診断と治療——』（共訳、新読書社、2008年）

ヴィゴーツキー理論の神髄
──なぜ文化-歴史的理論なのか──

2014年3月30日　初版第1刷発行

著　者　中村 和夫
発行者　石井 昭男
発行所　福村出版株式会社
〒113-0034　東京都文京区湯島 2-14-11
電話　03-5812-9702　FAX　03-5812-9705
http://www.fukumura.co.jp

印刷　株式会社文化カラー印刷
製本　協栄製本株式会社

© Kazuo Nakamura　2014
Printed in Japan
ISBN978-4-571-23052-3
乱丁本・落丁本はお取替え致します。
定価はカバーに表示してあります。

福村出版◆好評図書

中村和夫 著
ヴィゴーツキーに学ぶ子どもの想像と人格の発達
◎2,500円　ISBN978-4-571-23050-9　C3011

ヴィゴーツキーの想像の発達についての議論に焦点を当て，人格発達理論としてヴィゴーツキー理論を論証。

J.V. ワーチ 著／田島信元・佐藤公治・茂呂雄二・上村佳世子 訳
心 の 声
●媒介された行為への社会文化的アプローチ
◎3,400円　ISBN978-4-571-21030-3　C3011

心の秘密を解く鍵を，他者の〈声〉に求め，精神活動を個としてではなく，社会文化的な状況下としてよみこむ。

心理科学研究会 編
小学生の生活とこころの発達
◎2,300円　ISBN978-4-571-23045-5　C3011

心理学的知見から，学齢毎の発達に関わる課題を読み解く。より深く子どもを理解したい教育関係者必読の書。

井原成男 著
ウィニコットと移行対象の発達心理学
◎2,500円　ISBN978-4-571-23044-8　C3011

精神分析医ウィニコットの理論と豊富な臨床事例をもとに解き明かす，移行対象からみた子どもの発達心理学。

川島一夫・渡辺弥生 編著
図で理解する　発　達
●新しい発達心理学への招待
◎2,300円　ISBN978-4-571-23049-3　C3011

胎児期から中高年期までの発達について，基本から最新情報までを潤沢な図でビジュアル的に解説した1冊。

行場次朗・箱田裕司 編著
新・知性と感性の心理
●認知心理学最前線
◎2,800円　ISBN978-4-571-21041-9　C3011

知覚・記憶・思考などの人間の認知活動を究明する新しい心理学の最新の知見を紹介。入門書としても最適。

安部博史・野中博意・古川聡 著
脳から始めるこころの理解
●その時，脳では何が起きているのか
◎2,300円　ISBN978-4-571-21039-6　C3011

こころに問題を抱えている時，脳で何が起こっているのか。日頃の悩みから病まで，こころの謎を解き明かす。

◎価格は本体価格です。